DER LÖWE IN DEINEM HERZEN

Eine Geschichte über die wichtigen Dinge des Lebens

DENIZ DEKE

Erste Ausgabe 2017
Deniz Deke, Düsseldorf

Printed by Amazon Europe Core S.à r.l.

ISBN: 1979990840
ISBN-13: 978-1979990844

www.erschaffedichneu.de

DANKE

Ein Löwe des Lebens ist dankbar

Ich danke meiner Familie.
Ayla, Yeliz, Mama und Papa, Heimat ist der Ort, an dem ihr seid.

Ich danke jedem meiner Freunde.
Ihr macht das Leben erst zu dieser wunderschönen Erfahrung.

Ich danke meinen Geschäftspartnern.
Gemeinsam machen wir die Welt zu einem besseren Ort.

Ich danke Nataniel.
Dein Lektorat hat dieses Buch erst möglich gemacht.

Ich danke dir.
Ohne dich gäbe es wahrscheinlich gar kein Buch.

Danke.

INHALTSVERZEICHNIS

1 GEBURTSTAG

Da saßen wir nun, ich und drei meiner engsten Freunde. In einer Ecke innerhalb einer Cocktailbar. Die Musik war gerade so laut, dass man sich noch anständig verständigen konnte. Doch weshalb saßen wir da?

Es war mein 30. Geburtstag. Ich war zu deprimiert, um feiern zu gehen. Kurz etwas trinken und dann nach Hause, mich vor dem Fernseher hinhauen und pennen gehen.

Was hat mein Leben mir bis dahin geschenkt? Ich wohnte alleine, hatte nichts was einer Liebesbeziehung ähnlich kam, geschweige denn die Aussicht darauf. Mir wuchsen inzwischen Haare an den verrücktesten Stellen, wohingegen die auf meinem Kopf immer lichter wurden.

Wenn ich uns so anschaute, sah ich einen Haufen Versager. Das waren wir: Ein Haufen von Versagern. Wir kannten uns seit der Schule, wir hatten einmal Träume. Doch waren wir in einem Job gefangen, zwei von uns in einer unglücklichen Beziehung und keiner hatte etwas, was dem Begriff Glück nur nahekam.

Der erste in der Gruppe war Jim. Jim wollte immer Sänger werden, seine Stimme war erstaunlich sanft, ja fast schon erotisch. So wie das Leben jedoch spielt, kamen seine Eltern und sagten ihm, er solle etwas Ordentliches machen, sein Hobby könnte er danach immer noch ausleben. Schaute man sich Jim an, sah man einen gebrochenen Mann. Er war Architekt. Hörte sich zunächst toll an, aber er erzählte uns immer, wie sehr er seinen Beruf hasste. Es war einfach nichts für ihn. Das elendig lange Zeichnen irgendwelcher Gebäudepläne raubte ihm nachts den Schlaf. Das Singen hatte er gänzlich aufgegeben. Es erinnerte ihn zu sehr daran, dass Träume nicht wahr werden.

Der zweite in der Gruppe war Mo. Ein sportlicher Typ. Seine Freundin Anna war ein hausgemachtes Biest. Sie zeigte jedem ganz deutlich, dass sie zu sagen hatte wo es langging. Zu allem Überfluss war sie nicht einmal treu. Doch er blieb bei ihr, der Idiot. Wieso auch immer. Liebe? Keine Ahnung. Wenn das Liebe war, dann würde ich nichts davon haben wollen. Auch er hatte Träume, doch wie hoch sind die Chancen Fußballer zu werden? In der Schule war er einer der Besten. Er schaffte es sogar mehrmals in die Jugendmannschaften berühmter Vereine. Doch ihm fehlte der letzte Biss. Hätte er sich reingehangen, wäre sein Leben sicher anders verlaufen. Profi? Vielleicht. Halbprofi? Bestimmt. Irgendwann hatte er es trotzdem aufgegeben und sich mit einfacherem begnügt. Nun arbeitete er in einer Anwaltskanzlei.

Letzterer aus unserer Gruppe war Noah. Seine Freundin Kate war die Sorte von Frau, die einem an den Fersen klebt, egal wo es hinging. Er war sichtlich genervt von ihr, betonte andauernd, dass er keine Lust mehr auf sie hatte, doch auch er blieb. Es gab immerhin ab und zu kostenlosen, wenn auch unbefriedigenden Sex. Selbst sagte er, dass er schon lange nicht mehr glücklich sei. Noah wusste nie, was er wollte. Er schlenderte durchs Leben, verbrachte unzählige Semester an der Uni und fand sich nun in einem Medienunternehmen wieder, wo er Aufträge wie am Fließband bearbeitete. Er sagte immer, er hat sich damit abgefunden, dass das Leben eine riesengroße Enttäuschung ist.

Dann war da noch ich. Gerade 30 geworden, Single. Nicht, dass ich es sein wollte und das Junggesellenleben so sehr genoss, nein. Die Höhepunkte meines Lebens waren die Treffen mit meinen Jungs. Der Rest davon bestand aus Arbeit, Langeweile, Fernsehen und gelegentlichen Ausflügen ins gelobte Internetpornoland, wo ich mich an Frauen aufgeilte, die einer echten Frau nicht einmal im Ansatz ähnlich sahen. In meinen jungen Jahren studierte ich BWL, weil ich einfach nicht wusste, was ich ansonsten machen sollte. Verendet bin ich in einer Firma, in der ich praktisch in der Buchhaltung arbeitete, auch wenn es nicht so genannt wurde. Dort, wo ich nie enden wollte. Meine letzte Beziehung endete kurz vor 30. Wir waren lange zusammen. Es endete zwar in einem Rosenkrieg, doch wollte ich sie immer noch zurück. Wahrscheinlich weil es die einzige Chance auf eine Beziehung war, auch wenn die Zeiten mit ihr eher einem riesengroßen Theaterstück glichen.

Da saßen wir nun, die vier Helden. Als Jugendliche hatten wir noch getönt, wie wir mit unseren Lamborghinis und Ferraris durch Miami fahren würden und die Models reihenweise bei uns Schlange ständen, denn wenn man nur wollte, konnte man alles schaffen. Hat man uns zumindest gesagt. Außerdem hatten wir alle vor, Akademiker zu werden. Wer intelligent war, der wurde auch reich, so dachten wir zumindest.

Was wir nicht bedacht hatten: fast jeder wurde ebenfalls Akademiker. Irgendwann begriffen wir, dass das Leben nicht so spielt, wie man es sich wünschte. Früher oder später musste man sich von seinen Träumen verabschieden. Das Leben ist eine riesengroße Enttäuschung.

Doch eine einzige Begegnung in meinem Leben veränderte alles.

2 MONTAGMORGEN

„Wie wäre mein Leben eigentlich verlaufen, wenn ich damals ein Jahr im Ausland gelebt hätte?“ fragte ich mich. Da kam aber auch schon der Bus in Richtung Innenstadt. Eine neue Woche, ein neuer elender Montag.

„Wieso sind Montage so verdammt Scheiße? Wieso verlängert man nicht das Wochenende und hat montags auch noch frei? 4 Tage die Woche arbeiten, wäre etwas weniger Elend!“ schwirrt es mir durch den Kopf. „oder gar nicht arbeiten? Wenn ich doch bloß das Kind reicher Eltern wäre, mein Leben wäre so viel besser.“

Während der Bus Haltestelle für Haltestelle passierte, schwirrten die alltäglichen und vollkommen wirren Gedanken durch meinen Kopf. Männer, Frauen und Kinder stiegen ein und aus.

Im Schatten der nächsten Ampel sah ich einen älteren Herrn. Er wirkte mysteriös. Er trug einen langen Mantel, für die Jahreszeit üblich und einen Hut, wie ihn der Pate trägt. Komplett in schwarz. Saubere Schuhe, elegante Kleidung.

„Wieso fährt so einer mit dem Bus?“ Dachte ich mir. Eine Aura umstrahlte diesen Herrn. Langsamen Schrittes ging er den Gang des Buses entlang. Ich begann das Gesicht zu erkennen. Ein leichter Bart zierte sein Lächeln. Das Lächeln war nicht aufgesetzt. Er strahlte aus den Augen heraus. Er sah vertrauenswürdig aus.

Der Mann baute Blickkontakt zu mir auf. Er schaute mich an, als würde er in meine Seele blicken können. Ein komisches Gefühl stellt sich bei mir ein. Flüchtig wand ich meinen Blick ab.

Ein paar Sekunden später: „Sehr geehrter Herr, ist der Platz neben Ihnen frei?“ Sprach der Mann mit dem schwarzen Hut.

Da ich nichts verstanden hatte, nahm ich meine Kopfhörer ab und fragte: „Bitte?“.

„Ist der Platz neben Ihnen frei, der Herr?“.

„Ehm, ja klar.“ Sprach ich, und räumte meine Tasche beiseite. Die Kopfhörer wieder in die Ohren gesetzt, abgeschottet von der Außenwelt dachte ich: „Der Herr? Jetzt bin ich offiziell ein alter Mann.“.

Ich blickte auf mein Handy. Beantwortete einige Nachrichten. Das machte ich immer so. Die Busfahrt nutzen, um zu „kommunizieren“. „Hey wie geht's? Alles klar?“ Wurde für gewöhnlich beantwortet mit „Ja und bei dir?“. Kurzer Smalltalk und das beendete auch schon wieder das gehaltvolle Gespräch. Trotzdem hatte ich das Gefühl, Kontakt gehabt zu haben, irgendwie.

Eine Hand berührte meine Schulter. Nach einem kurzen Zusammenzucken realisierte ich, dass der mysteriöse Mann mich wieder etwas fragen wollte. Kopfhörer raus, „ja bitte?“.

„Ist das nicht ein schöner Montag?“ fragte der ältere Herr.

Ich antwortete: „Ehm ja, so schön ein Montag halt sein kann. Fragen Sie mich Freitag lieber noch einmal.“ Und lachte kurz.

„Sind sie eine Katze?“ fragt der ältere Mann. Ich blickte vollkommen verwirrend in die Augen des dunkel gekleideten Mannes. „Ist der Typ verrückt? Was ist denn mit dem los?“ Dabei erkannte ich ein glänzen in den Augen des Mannes. Eine tiefe Lebensfreude. Ich fühlte mich davon beeindruckt. Dieser Mann blickte mich mit einer solchen Ernsthaftigkeit an, dass die Frage an Bedeutung gewann. „Katze? Wie Katze?“ fragte ich vollkommen verdutzt.

Auf einmal hörte ich ein lautes Hupen von draußen. Reflexartig schaute ich links aus dem Fenster. Irgendein Fahrradfahrer, der einfach die Spur gewechselt hatte. Dem Autofahrer hatte das wohl nicht gefallen, während er mit seinem Handy telefonierte.

Ich blickte wieder zu meiner Rechten und sah, dass der Platz leer war. Der Mann im dunklen Mantel war weg. Ich verfiel in Sprachlosigkeit und guckte mich verwirrt um. Im ganzen Bus waren nur ein paar Mütter mit Kind, vereinzelt Schulkinder und ein paar ältere Herren. Kein Mann im dunklen Mantel. Der Bus hatte jedoch zu keiner Zeit gehalten.

„Diese Montage. Ich brauche erstmal einen Kaffee, ich fange schon an zu halluzinieren.“ Dachte ich mir.

3 ARBEITSZEIT

Als ich den Bus verließ, schlug mir die für die Jahreszeit übliche Kälte ins Gesicht. „Ich hasse Winter." Sprach ich leise vor mich hin, während ich mein Gesicht tiefer im Schal vergrub. Der Weg zur Arbeit von der Bushaltestelle aus war kurz. Dort angekommen grüßte ich wie üblich die Rezeptionisten mit einem leisen „Hallo". Genauso lustlos schallte es zurück. Ich zückte meine Karte und zog diese durch ein Drehkreuz. Daraufhin hielt ich sie an ein Terminal. „Anwesend – 08:17". Business as usual.

„Wenn ich jetzt einfach nach Hause gehen würde und um 17:00 Uhr auschecke, das würde doch kein Schwein bemerken…" dachte ich mir während ich mit dem Aufzug in den 4. Stock fahre.

Oben angekommen ging es links einen langen Korridor entlang. E7, das war mein Büro. Die Hölle auf Erden. Darauf konnte sich doch keiner montags freuen. Von E1 bis E6 wurde in jedes Büro kurz reingeschaut, „Moin" gerufen und weitergelaufen. Keine Lust auf Smalltalk. Montag morgens hatte keiner Lust auf Smalltalk.

Im Büro angekommen wurde der PC hochgefahren. „Ab zur Kaffeemaschine" dachte ich mir und nahm meine Tasse mit. „Dream Big“ stand drauf. „Na der Zug ist abgefahren.“ Schoss mir durch die Gedanken. An der Kaffeemaschine angekommen, sah ich wie meine Chefin Sarah sich mit ihrer liebsten Ingrid unterhielt. „Diese zwei ungevögelten Furien.“ Ist noch einer der harmlosesten Gedanken, die laut wurden. „Lächeln, lächeln“ Flüsterte ich leise vor mich hin während ich die Küche betrat.

„Morgen Sarah, morgen Ingrid!“.

„Morgen“ erwiderten beide zurück. „Na drücken wir uns wieder vor der Arbeit, Jim?“ sagt Sarah und grinste wie einer dieser Clowns samt Kettensäge, die unschuldige Mitbürger umbringen wollten.

„Aber selbstverständlich Sarah.“ Antwortete ich.

„Ich hab dir übrigens ein paar neue Rechnungen geschickt. Die müssen schnell raus, ich habe leider anderes zu tun.“ Sagte Sarah.

In diesem Augenblick lag mir folgendes auf den Lippen: „Wie wäre es, wenn du selber mal arbeiten würdest du verfickte Hexe?“ brachte aber im Endeffekt nur ein „ehm, ok.“ Heraus. Fünf Jahre Studium hatten sich voll ausgezahlt. Ich lebte meinen Traum! Ich schenkte mir Kaffee ein und verzog mich schnellen Schrittes. Währenddessen fuhren Sarah und Ingrid ihr Gespräch fort: „Nein! Das hat Sie nicht gesagt?! Die trägt ja auch immer schreckliche Klamotten.“ „Dann wollen wir mal.“ dachte ich mir und setzte mich an den PC.

Ich verarbeitete einige E-Mails und stieß auf den üblichen Kram: „Forscher sind entsetzt, mit diesem Trick einen 7 cm größeren Penis…“. „Ja, als würde ich den brauchen! <Lach> Wobei...“

Nachdem ich die Aufgaben erledigt hatte, die für heute anstanden, die Spammails über „Penisvergrößerungen“, „70kg in 10 Sekunden abnehmen“ und „wie ich 10.000 Euro ganz einfach von Zuhause verdiene, ohne Aufwand“ gelöscht hatte, sah es nach Feierabend aus. Kurz vor fünf. Aber wie dieses wundervolle Leben so spielte, war Sarah anderer Meinung.

„Jim, ich habe einen wichtigen privaten Termin. Übernimm die Aufgaben, die ich dir geschickt habe.“

„Aber..." Drang es langsam und schwerfällig aus mir heraus.

„Ja?" erwiderte Sarah und fing an ihre grässliche Miene zu verziehen.

„Schon gut." Sagte ich und drehte mich wieder zum Bildschirm.

„Dann ist ja alles in Ordnung. Viel Spaß noch." Sagte Sarah grinsend während sie mich anschaute, als würde sie genau wissen, dass sie mich besitzt und mit mir machen kann, was sie wollte. Meine Eier? Hatte ich schon lange irgendwo auf meinem Lebensweg verloren.

Als ich daraufhin ihre Email öffnen wollte, sprang mir eine andere Email ins Gesicht. Kein Absender. So etwas hatte ich noch nie gesehen.

„Scheint ein Programmfehler zu sein." dachte ich mir und klickte interessehalber drauf. Verwirrt und verwundert zugleich las ich leise vor mich hin folgenden Text vor, der in der Email geschrieben stand:

„Ein Löwe des Lebens weiß, dass er jederzeit die Wahl hat."

„Aha. Was soll ein Löwe schon wissen..." dachte ich mir und löschte die E-Mail. In der gleichen Sekunde sprang eine weitere Email auf meinen Bildschirm. Wieder kein Absender. Wieder öffnete ich sie.

„Bist du bereit eine Wahl zu treffen, Jim?"

In diesem Moment wurde es bizarr. Nach einer Weile des Anstarrens löschte ich auch diese Email und kam zu dem Schluss, dass mir Simon aus der IT-Abteilung sicher einen Streich spielen wollte. Ich hatte letztens einen Witz vor versammelter Mannschaft auf seine Kosten gemacht. Über seine Haare. Mochte er anscheinend gar nicht.

Ich musste über die Frage nachdenken. „Haben wir im Leben eine Wahl? Wir werden geboren, gehen in die Schule, in die Uni und versauern bis zur Rente im Job. Das war doch immer so. Wo hat denn jemand eine Wahl? Wir alle leben im Hamsterrad und es gab keinen Fluchtweg."

Während ich das Büro verließ, versank ich in meinen Gedanken.

4 WIEDERSEHEN

18:23 Uhr und da stand ich. Ein langer Montag ging zu Ende. Wenn ich mich beeilte, konnte ich mir noch einige Folgen meiner neuen Serien reinziehen. Zum kalten Wetter selbigen morgens kam ein ekliger Nieselregen hinzu. In diesem Teil der Stadt gab es nicht einmal eine Unterstellmöglichkeit an der Bushaltestelle! Es passt zu diesem Montag. Es passte zu jedem Montag. Es passte zu meinem Leben.

Gerade wollte ich meine Kopfhörer aus der Hosentasche nehmen, da bemerkte ich eine Person zu meiner Linken. Als ich genauer hinsah, fiel mir auf, dass es dieser Typ von heute Morgen war. Schwarzer Mantel, schwarzer Hut und diese Lackschuhe. „Das muss er sein“ dachte ich mir.

Wieder spürte ich in seiner Gegenwart ein Gefühl von Vertrautheit und Wärme. Währenddessen drehte er sich zu mir und kam langsamen Schrittes auf mich zu. Er bewegte sich vollkommen in Einklang mit allem. Es hatte etwas Harmonisches, Ruhiges und Selbstsicheres. Als würde er seine Welt bestimmen und nicht andersherum. Er drückte der Umgebung seinen Stempel auf.

In der Zeit, in der ich seinen Laufstil bewunderte, wie ein Juror bei einer Castingserie für minderjährige Models, die gnadenlos scheiterten, sprach er mich an:

„Und? Sind Sie nun eine Katze?“

„Entschuldigung, aber ich verstehe die Frage nicht.“ Antwortete ich.

„Hast du sieben Leben mein Freund?“

„Mein Freund? Sieben Leben?“ schwirrte es mir durch den Kopf. „Ehm nein, nicht dass ich wüsste.“ Gab ich verwirrt von mir.

„Wieso lebst du dann, als hättest du sieben?“

Ein leichter Stich ging durch meine Brust. Ich bekam eine leichte Gänsehaut, als würde ein Kältehauch über meine Haut wehen. Die Situation war mir unangenehm. Ich stammelte:

„Tut mir leid, aber wer sind sie? Und wieso lebe ich, als hätte ich sieben Leben? Ich verstehe ihre Frage nicht.“

„Du hast Recht, verzeihe mir. Ich beantworte deine Fragen, wenn du mir zunächst sagen kannst, wer du bist.“

„Komischer Vogel!“ dachte ich mir und doch antwortete ich: „Mein Name ist Jim und Ihrer?“

„Ich habe dich nicht gefragt, wie du heißt mein Freund, ich habe dich gefragt, wer du bist!“ Sagte der mysteriöse Mann, während seine Miene ernster wurde.

„Wo ist der Unterschied?“

„Du hast ja anscheinend sieben Leben Zeit, um das herauszufinden. Ich würde nur aufpassen. Das erste ist schneller vorbei als du denken magst.“

Seine Hand wanderte in vollkommener Ruhe in seine rechte Jackentasche. Während ich immer nervöser wurde und dieses komische Gefühl in der Magengegend nicht loswurde, händigte mir der mysteriöse Mann einen Umschlag aus.

„Jim, manche Erlebnisse sind dazu bestimmt, dein Schicksal zu verändern.“ Sprach der Mann und drehte sich um. Langsamen Schrittes verschwand er in der Dunkelheit.

Ich blieb sprachlos. Mein Verstand schien mit der Situation maßlos überfordert.

„War dieser Typ verrückt oder was hatte es damit auf sich? Und wieso drückte er mir irgendwelche Kalendersprüche?“

Ich betrachtete den Umschlag näher. Ein weißer Umschlag,

wie ich ihn zum Briefe verschicken verwendete. Als ich den Brief in meiner Hand wendete, traf mich der Schlag.

Auf dem Umschlag stand geschrieben: „Für Jim"

„Woher kannte der Typ meinen Namen?!" schoss es mir durch den Kopf. Ein Unwohlsein, gepaart mit Angst, machte sich breit. Meine Hände begannen zu zittern. Trotzdem wollte ich wissen, was in diesem Brief war. Während ich ihn öffnete, fiel er mir vor Nervosität auf den verregneten Boden. Etwas mit Regenwasser aufgeweicht, öffnete ich ihn. Es war ein weißes Blatt Papier mit der Überschrift:

„Manche Erlebnisse sind dazu bestimmt, dein Schicksal zu verändern Jim"

In dem Brief stand nur ein einziger Satz geschrieben:

„Ein Löwe des Lebens weiß um seine Identität"

„Löwe?" das habe ich heute doch schon einmal gehört? „Die E-Mail!" schoss es mir durch den Kopf.

Ich stand noch im Regen. Dem Brief setzte langsam das Wasser zu. Die Schrift auf dem Papier begann zu verlaufen.

Ich stand regungslos da. Der Bus fuhr an mir vorbei. „Wie konnte dieser Mann wissen, wer ich bin? Woher kannte er mich? Was hat das alles zu bedeuten?" Gedanken schossen mir durch den Kopf.

Als ich anfing zu begreifen, dass mir kalt wurde, entschied ich mich, den Weg nach Hause zu laufen, da der nächste Bus erst wieder in einer Stunde kam. Ich musste meinen Kopf frei kriegen. Die Verwirrung war nicht zu beschreiben. Das Bewusstsein zwischen Realität und Traum ging mir in diesem Moment verloren.

Während ich lief, kamen in mir allerlei Gedanken auf. Ich begann mit mir selbst zu reden:

„Wer ich bin?.. Wer ich bin?.. Wer ich bin?.. Eine Katze.. Sieben Leben.. Löwe des Lebens.. Identität.. Immer die Wahl..

Wie soll ich das verstehen?" Nach einiger Zeit fiel mir auf, dass der Mann Recht hatte, was meinen Namen anging.

„Mein Name bedeutet nichts. Es ist irgendwie nur ein erfundenes Wort, welches mir meine Eltern gegeben haben. Ob ich dieses Wort nun mag oder nicht."

„Doch wer bin ich eigentlich? Was macht einen Menschen aus? Was macht mein Sein aus?"

Langsamen Schrittes schlenderte ich von Laterne zu Laterne. Es war dunkel, es war kalt, aber ich bemerkte kaum etwas. Das Versunkensein in die Gedanken ließ mich nicht einmal die Gänsehaut spüren, die aus der Mischung von Kälte und Angst entstand.

„Früher, im Philosophieunterricht, da haben wir ab und zu über das Sein gesprochen, über Gott und die Welt." dachte ich mir und lief weiter.

Der Wind hatte aufgehört zu blasen, der Regen beruhigte sich. Draußen war es angenehm für einen Novemberabend. Es lagen noch viele matschige Blätter auf dem Boden. Seit langer Zeit war ich mal wieder um diese Uhrzeit allein draußen, ohne Musik, ohne auf mein Handy zu gucken. Irgendwie ging das sonst alles an mir vorbei.

Damals mit meiner Freundin hatte ich so etwas oft gemacht. Lisa. Ich erinnerte mich, als sei es gestern. Seit einem Jahr hatte ich sie nicht mehr gesehen. Auf meine Nachrichten antwortete sie nie. Irgendwie vermisste ich sie immer noch.

5 PIZZABOTE

In meinem Apartment angekommen, verriegelte ich hinter mir die Tür. „Der Tag war zu krass“ dachte ich mir. Zwei Zimmer, 52 m^2 und seit zwei Wochen nicht mehr geputzt. Gewischt hatte ich noch nie. Das Geschirr in der Spüle fing langsam an, die Fliegen zu verschrecken.

Als ich den Kühlschrank öffnete, bemerkte ich, dass dieser fast leer war. Nach diesem Tag einkaufen gehen war keine Option. Ich rief Luigis an. „Die machen geile Pizza“ dachte ich mir. Ich wählte die Nummer, wollte eine Pizza mit Thunfisch und Spinat bestellen. Leonardo ging ans Telefon. Ich bestellte so oft, die kannten mich mittlerweile schon beim Namen. Eigentlich traurig.

In gebrochenem Deutsch, mit italienischem Akzent sagte mir der Pizzabote: „Heute leider etwas länger Jim. 60 min. Viel Arbeit. Scusate.“

„Kein Problem Leonardo, ich warte.“ Antwortete ich.

„60 min? Soll ich eine Folge meiner Serie schauen?“ Doch ich hatte keine Lust, da ich alle Folgen schon mehrmals gesehen hatte. Traurig, aber wahr.

Also widmete ich mich meiner abendlichen Entspannung. Setzte mich vor den PC, legte mir ein paar Taschentücher zu

Recht und klickte mich durch verschiedenste Pornoseiten.

„Ein Hoch auf das Zeitalter des Internets“ dachte ich mir und legte los.

Schneller vorbei als es angefangen hatte, blieb ich vor dem Bildschirm sitzen. Ich fühlte mich deprimiert. Geschehen ist es nicht aus der Lust, sondern aus Langweile. Ich verspürte kaum noch Lust. Wenn ich ehrlich war, seit meiner Trennung hatte ich keinen Sex mehr. Ich wusste gar nicht mehr, wie sich eine echte Frau anfühlte, geschweige denn nackt aussah. Die einzigen Bilder, die in meiner Fantasie herumschwirrten, waren die von chirurgisch optimierten Sexmaschinen, die mich teilweise gar anwiderten.

Ein Blick auf die Uhr verriet mir, dass ich mir einmal die Hände waschen sollte, bevor meine Pizza ankam. Die Internetseiten geschlossen und die Hände gewaschen, räumte ich die Taschentücher weg und dachte mir: „Die meisten Taschentücher werden bestimmt für‘s Onanieren verwendet…“.

Ein Klingeln ertönte und ließ mich kurz zusammenzucken.

Ich bediente den Lautsprecher und fragte: „Wer ist da?“

Eine Stimme, die sich vertraut anfühlte, antwortete: „Pizzabote!“

„Alles klar, vierter Stock!“ erwiderte ich.

Ich drückte den Buzzer, um die Haustür zu öffnen. Während der Pizzabote die Treppen hinaufstieg, holte ich mein Portemonnaie und ging wieder zur Tür.

Als ich die Tür öffne, traf mich der Schlag.

Vor mir stand dieser mysteriöse Mann gekleidet als Pizzabote. Eine blaue Weste, eine rote Kappe mit dem Logo von Luigis Pizza drauf. Das Logo stellte einen dicklicheren Koch dar, der den Daumen hebt.

Doch statt Angst zu spüren, verspürte ich auf eine seltsame Weise wieder Vertrautheit. Dennoch schaffte ich es nicht, mich vom anfänglichen Schock zu erholen und brachte keinen Ton heraus.

Sein „Hallo“ blieb von mir unerwidert. Ich schaute ihn mit weit geöffneten Augen an. Er lächelte nur auf eine freundliche, ehrliche Weise zurück.

„Ihre Pizza, der Herr.“ Sagte er und gab mir den Karton, den ebenfalls das Logo von Luigis Pizza ziert. Den Duft der Pizza, den ich sonst immer sehr genoss, nahm ich überhaupt nicht wahr.

Ich konnte die Situation wieder nicht begreifen und war der Meinung, dass ich nun vollkommen am Rad drehte. „Das kann alles nicht sein“ schoss es mir durch den Kopf. Ich schaute weiter wie ein Reh auf der Landstraße, welches kurz davorstand, überfahren zu werden.

Der mysteriöse Mann, gekleidet als Pizzabote sagte: „Bevor ich‘s vergesse.“ Und überreichte mir einen weiteren Umschlag.

„Ich kann nicht träumen, das ist real.“ Dachte ich mir und begann zu zittern, während ich den Brief annahm.

„Geht auf‘s Haus.“ Erwähnte der Mann, während er mich angrinste, sich umdrehte und verschwand. Langsam sah ich ihn die Treppen herunterlaufen. Ich stand wie vereist dort. Nicht begreifend, wie ich die Situation bewerten sollte.

„Das kann nicht wahr sein“ Dennoch hielt ich die Pizza wie ein Tablett in meiner rechten Hand, den Brief in meiner Linken.

Als das Licht im Hausflur ausging, blieb ich in der Dunkelheit stehen. Ich holte tief Luft und drehte mich langsam um, Richtung Haustür. Nervösen Schrittes ging ich hin zum Bett und setzte mich. Die Pizza legte ich ab, nahm den Brief in beide Hände. Meine Hände zitterten immer noch, begannen noch stärker zu zittern.

Ich bekam Gänsehaut, als ich den Versuch wagte, zu begreifen, was hier los war.

Wieder stand auf dem Brief: „Für Jim“

Als ich den Brief öffnete, enthielt dieser einen Zettel und ein Flugticket.

„Bist du bereit zu erfahren, wer du wirklich bist? Dann triff mich in Paro.“

Ich betrachtete verwirrt das Flugticket. One-Way. Ziel: Paro - Bhutan Abflug: Morgen um 08.00 Uhr morgens. Auf der Rückseite stand geschrieben:

Manche Chancen sollten wir ergreifen, bevor es zu spät ist.

Überhaupt nicht realisierend, was gerade passiert war, stürmte ich zum Telefon. Wiederwahl, Luigis Pizza. Es klingelte. Wieder mit italienischem Akzent: „Ciao! Luigis Pizza hier, Leonardo am Telefon!"

„Leonardo, hier ist Jim. Ich hab‘ gerade bei euch eine Pizza bestellt. Wer war der Mann, der sie mir geliefert hat?"

„Jim? Ach, Appartement 23b richtig? Sí Sí. Du haste keine Pizza bestellte! Du wollen bestellen?"

…

Ich erwiderte mit zitternder Stimme: „… Aber… Ich habe doch gerade mit dir gesprochen und eine Pizza bestellt, Thunfisch Spinat. Ich habe sie vor mir."

„Jim, ich bin ganzen Tag schon an Telefon! Du nichts bestellt hast Pizza. Du wollen bestellen?" antwortete Leonardo.

Ich legte wortlos den Hörer auf und schaute auf den Karton mit der Pizza von Luigis. Das Ticket mit dem Brief lag auf meinem Bett. Noch einmal nahm ich es in die Hand.

„Morgen 08.00 Uhr… Paro - Bhutan…" flüsterte ich vor mich hin. Spielte ich hier gerade wirklich mit dem Gedanken in ein Flugzeug zu steigen? One-way? Mit Tickets, die mir irgendein Fremder geschenkt hatte?

„Lange habe ich keine mehr geraucht, aber jetzt wäre eine nötig" dachte ich mir und ging in die Küche. Außer einem letzten Schluck Vodka von irgendeiner Party hatte ich kaum Betäubungsmittel da. Schade eigentlich, die hätte ich in diesem Moment wirklich gebraucht.

Den Rest Vodka kippte ich ohne zu zögern herunter. Nicht mehr als ein Teeglas reichte aber um mich aufstoßen zu lassen.

„Ich weiß ganz genau, wieso ich Vodka hasse." Sagte ich mir und schmiss die Flasche in den Müll.

Mein Kopf fühlte sich an, als wäre ich in einem Karussell, welches sich seit Stunden drehte und es wollte einfach nicht aufhören. Diese beschissene Musik, die Lichter, noch ein paar Runden und ich würde brechen.

Als ich mir noch einmal alle Szenen des Tages in den Kopf rief, die drei Male in denen ich dieser Person begegnete, die zwei Briefe, die Pizza, kam es mir hoch. Ich wusste nicht, ob es das bisschen Alkohol auf leeren Magen war oder die ganzen Gedanken. Gerade noch rechtzeitig zog ich den Mülleimer unter meinem Schreibtisch hervor.

Nach dem Erbrechen ging es mir besser. Ich fühlte mich freier. Da ich kein Alkohol gewöhnt war, bemerkte ich eine angenehme Wärme in der Bauchregion. Mein Geist begann sich zu beruhigen.

Ich schmiss mich auf's Bett. Neben mir lag die mittlerweile kalte Pizza, das Ticket und der Brief mit dem Umschlag.

Als ich so Richtung Decke starrte, überlegte ich, wie es weitergehen sollte.

„Ich war noch nie in Paro." Sagte ich laut vor mich hin. In diesem Moment überkam mich ein weiterer Gedanke.

Als Kind wollte ich immer an einen magischen Ort reisen, wie Tibet, den Bhutan oder ähnliches! Ich hatte unzählige Kung-Fu Filme gesehen. Mein Kindheitstraum war es mal, ein Mönch zu werden. Einer dieser unkaputtbaren Shaolin Mönche, die Eisenstangen mit ihrer Stirn zerstörten.

Hatte das eine Bedeutung? War es Zufall? Ich wusste es nicht. Mir fehlten zu viel Informationen, um das alles zu verstehen. Ich war immer einer der Typen, die alles besser wussten. Meine Mutter meinte einmal zu mir: „Jim, du musst nicht alles auf dieser Welt verstehen. Bei manchen Dingen ist es besser, wenn sie hinter verschlossener Türe bleiben."

Wie gerne hätte ich in diesem Moment gewusst, wie ich das alles verstehen sollte. Zumindest einen Teil. Zumindest hätte ich gerne erfahren, was dieser Mann mit mir zu tun hat? Wieso ausgerechnet ich? Das sollte sich jedoch bald herausstellen.

Irgendetwas Magisches umgab diesen Mann. So magisch, dass ich in Erwägung zog, dieses Ticket einzulösen.

Es war 3:32 Uhr und ich hatte kein Auge zugemacht. Immer noch spielte ich mit dem Gedanken, in den Flieger zu steigen. Theoretisch musste ich arbeiten, doch eine Krankmeldung mehr oder weniger machte auch keinen Unterschied.

Die Option zur Arbeit zu gehen oder in den Bhutan zu reisen, rein objektiv, war es eine einfache Entscheidung.

Ich entschloss mich, es zu machen! Fuck it. Ein Jahr lang bin ich nur aufgestanden, zur Arbeit gegangen und wieder nach Hause. Auf diese Weise bekam ich wenigstens etwas Abwechslung in mein Leben. Vermisst hätte mich sowieso keiner. Hier blieb mir nichts außer meinen gelegentlichen Gedanken an den schnellen Tod. Mein Leben war bis zu diesem Zeitpunkt eine Enttäuschung. Wie ein Überraschungsei, welches keinen Inhalt hatte. Jeden Tag. Immer wieder auf dieselbe Art und Weise. Also, was hatte ich zu verlieren?

Ich hinterließ meiner Chefin einfach eine Nachricht.

Mit schmerzendem Kopf setzte ich mich an den PC, öffnete mein Postfach und schrieb eine E-Mail.

„Hi Sarah, ich kann die Woche leider nicht arbeiten kommen. Habe einen Anruf bekommen, mein Großvater ist gestorben. Muss kurzzeitig das Land verlassen.

MfG

Jim“

„Das sollte funktionieren. So habe ich wenigstens Gründe, nicht ans Handy zu gehen.“ flüsterte ich vor mich hin. Bloß ein zweites Mal konnte ich die Ausrede nicht mehr benutzen. Wobei... theoretisch hatte ich zwei Großväter. Eine gewisse Erleichterung machte sich breit. Andererseits erstaunte es mich, wie wenig wichtig mir der Job war. Ja, ich wäre regelrecht froh darüber, wenn meine Lüge aufflog und man mich gefeuert hätte.

In meiner kleinen Kammer stand ein blauer Koffer, den ich seit dem letzten Urlaub mit Lisa nicht mehr benutzt hatte. Während ich ihn öffnete, entdeckte ich einige Fotos, die ich wohl dort reingesteckt haben muss.

Die Bilder zeigten uns beide in Marokko, als wir glücklich waren. Zumindest sahen wir so aus. Wirklich glücklich war da keiner von uns beiden. „Scheinwelt“ dachte ich mir und schmiss die Bilder in die Mülltonne. War es nicht immer so? Wir sahen Bilder und assoziierten den Gefühlszustand der Personen mit diesen Scheinwelten. Stars und Sternchen, die hinter verschlossener Türe ihr Leben hassten, sahen auf Bildern immer glücklich aus. Solange, bis man von ihrem Selbstmord in der Zeitung las.

Nach dem Philosophieren machte ich mich an das Befüllen des Koffers. Ein paar Unterhosen, T-Shirts, eine Hose und ein Pulli. Dabei wusste ich nicht einmal wie das Wetter in Paro war…

6 DER MYSTERIÖSE ZINE DOYA

Kurz vor 05:00 Uhr, ich verließ mein Apartment. Der Flughafen war zum Glück nicht weit weg und eine Buslinie, die die ganze Nacht fuhr, brachte mich direkt dorthin.

Am Flughafen angekommen, bekam ich langsam ein mulmiges Gefühl. Ich schaute auf meine Karte und dann auf die Abflugtafel. AirParo – Flugnummer AP1209, Abflug 08:00 Uhr – Check-In an Schalter 199.

Mit jedem Schritt den ich auf den Schalter zuging, stieg in mir die Angst. Konnte es sein, dass ich einen Fehler beging? Sollte ich lieber wieder umdrehen?

Der Flughafen war leicht gefüllt. Es waren viele Geschäftsleute unterwegs, mit ihren kleinen schwarzen Rollis. Alle waren am Telefon. Jeder sah beschäftigt aus. Ab und zu schlenderte eine kleine Familie herum, die wahrscheinlich der Kälte des Winters entfliehen wollte. Wer wollte es ihnen verübeln?

„168“ flüsterte ich vor mich hin. Gleich war ich an Schalter 199, dann gab es kein Zurück mehr. Meine Kehle begann anzuschwellen, ein flaues Gefühl in meiner Magengegend stellte sich ein, als hätte ich etwas Falsches gegessen. Passend dazu, musste ich auf die Toilette. Immer wenn ich nervös war, musste ich auf die Toilette.

Das war schon damals während der Schulzeit so. Während alle vor dem Klassenzimmer auf die Klassenarbeit gewartet haben, war ich drei Mal auf der Toilette. Reizdarm oder wie man das nennt. Nervig. Zum Glück war die Toilette gleich hier vorne.

Geschäft erledigt, Nervosität war jedoch nicht besser geworden. Trotzdem ging ich mit einer Sicherheit in Richtung Schalter, die ich von mir überhaupt nicht gewohnt war. Als stände ich unter Einfluss einer höheren Macht.

Wieder lief eine kleine Familie an mir vorbei. Mutter, Vater und ein kleines, ich schätze zwei bis drei Jahre altes, Mädchen mit ihrem kleinen Stofflöwen. Die Kleine schaute mich an und begann zu grinsen. Ich grinse sofort zurück und es machte sich ein gutes Gefühl in mir breit. Die Angst war für einen kurzen Moment verschwunden. Der kleine Moment, in dem das Mädchen mir ein Lächeln schenkte, ließ meine Welt stehen bleiben.

„Kinder sind etwas Besonderes." dachte ich mir und lief weiter. Dabei fiel mir auf, dass jeder Mensch zurücklächelte, wenn er von einem Kind angelächelt wurde. Jeder freute sich darüber. Aber wieso? Wahrscheinlich, weil Kinder ehrlich sind. Wenn Kinder lächeln, freuen sie sich wirklich, dich zu sehen.

Ich wurde aus den Gedanken gerissen, als ich Schalter 199 sah. Ein Bildschirm, auf dem das Logo von AirParo zu sehen war mit der Nummer 199. Das Logo war ein roter Hintergrund, mit weißer Schrift „Air Paro". Vor dem „A" erhob sich ein Flügel, wie bei einem Engel. Der Schalter war leer. Eine Dame mit brünettem, hochgesteckten Haar stand direkt dahinter und schien etwas müde zu sein. Wahrscheinlich arbeitete sie schon die ganze Nacht. Sie hatte ein weißes Hemd an, darüber eine schwarze Weste. Zu allem Überfluss musste die Dame anscheinend noch eine rote Krawatte tragen. „Was eine beschissene Kleiderordnung" dachte ich mir und bewegte mich mit flottem Schritt auf den Schalter zu.

„Guten Morgen!" sagte ich in einer erstaunlich wachen Tonlage.

Die Dame, die gerade etwas am Schreiben war und somit ihr Gesicht hob, grüßte mich zurück: „Guten Morgen! Wie kann ich Ihnen helfen?“

„Ich würde gerne einchecken“ antwortete ich und bewunderte währenddessen ihre Schönheit. Volle Lippen, betont durch einen Lippenstift passend zur roten Krawatte. Sie wirkte wie der spanische Typ mit ihrer etwas dunkleren Hautfarbe. Ihre Augen hingegen waren türkisfarben. Die Farbe ähnelte einer Lagune. Trotz der Müdigkeit hatte sie dieses Leuchten in den Augen. Diese tiefe Freude, wie ein Mensch, der Liebe in dein Leben bringen könnte. So eine Frau hätte ich gerne, doch was würde solch eine Frau mit einem Versager wie mir anfangen wollen?

„Entschuldigen Sie der Herr, aber dann brauche ich ihren Ausweis“ riss sie mich aus den Gedanken.

„Ehh, ja aber klar. Hier bitte sehr!“ Ich überreichte ihr meinen Ausweis und warf ihr nervös ein Lächeln zu.

Nach einiger Zeit des Tippens gab sie mir den Ausweis und sagte:

„Sie sitzen in der Reihe vier, Platz A, direkt am Fenster. Um zum Flieger zu gelangen, begeben Sie sich bitte zum Gate C32 und das Boarding beginnt um 07:20 Uhr!“

„Alles klar. Danke Ihnen.“

„Ich wünsche Ihnen eine angenehme Reise“ antwortete sie und warf mir ein Lächeln zu. Nicht die Art von Lächeln, die eine Oma ihrem Enkel zuwirft, sondern die Art von Lächeln, die einem sagt: Mit dir würde ich gerne mal etwas trinken gehen und danach schmutzige Dinge tun. Wahrscheinlich bildete ich mir wieder etwas ein.

Da ich noch einige Minuten Zeit hatte, begab ich mich zum Magazinshop des Flughafens. Im Flugzeug wurde es immer langweilig, wenn ich nichts zu lesen hatte. Autozeitungen, tausende Frauenzeitschriften und da noch ein Anglermagazin. „Als ob irgendwer diesen Scheiß hier kauft“ dachte ich mir und sah zu meiner linken ein paar Bücher.

Eines davon sah von außen interessant aus und weckte meine Neugier. Auf dem Cover war ein brüllender Löwe abgebildet, der Titel lautete:

„Fang an zu Brüllen! – Ein Leitfaden zum Wecken des inneren Löwen".

Komisch. Dieser Kerl hatte auch andauernd in seinen Briefen von Löwen gesprochen. Der Autor war ein gewisser Zine Doya. Hatte ich noch nie von gehört.

Nach einiger Zeit des Durchblätterns erkannte ich Sätze, die auch in den Briefen standen:

„Ein Löwe des Lebens weiß, dass er immer die Wahl hat."

Da hatte der alte Mann sich wohl das Buch zum Vorbild genommen. Es schien jedoch interessant zu sein, also holte ich mir das Buch. Daraufhin begab ich mich zum Gate. Langsam füllte sich der Flughafen, doch die Sicherheitskontrollen waren relativ leer.

„Guten Morgen" sagte ich zu einem der Sicherheitsleute. „Hmm" war die Antwort. Genial. Neben Beamten waren das hier die unfreundlichsten Menschen auf der Welt. Gib einem Menschen auch nur ein wenig Macht und er macht den ganzen Tag auf dicke Hose. Irgendwie bekam ich das Gefühl, ich wäre „besser", denn ich war Akademiker. Diese Menschen hier waren bloß einfache Leute, die auf dicke Hose machten.

Nachdem die „Sicherheitsleute" mich gründlich durchsucht hatten und ich ermahnt wurde, weil ich vergessen hatte, meine Wasserflasche wegzuwerfen, begab ich mich in Richtung Gate C32.

Laut Anzeige ging der Flieger pünktlich. Ich setzte mich etwas hin und machte die Augen zu.

Eine Durchsage ertönt: „Liebe Passagiere des Fluges AP1209 Richtung Paro, das Boarding beginnt in Kürze. Dear Guests…"

Was ich nie verstand: Wieso die Menschen wie die Tiere

aufsprangen, wenn es ans Boarding ging. Jeder hatte einen festen Platz. Wir Menschen sind schon eine komische Gattung.

Wie auch immer, ich stellte mich in die Schlange und wartete. Es ging relativ zügig, da die Maschine entweder relativ klein oder wenig besetzt war. Wie sich später herausstellte, einfach nur klein und alt.

Nachdem ich mich über einen Busshuttle ins Flugzeug begeben hatte, stand das Flugzeug noch, da wir auf einen zweiten Bus mit Passagieren warteten. Ich nahm das neue Buch zur Hand und fing an zu lesen.

Vollkommen in das Buch vertieft hörte ich ein „Guten Morgen" vom Gang aus. Es schien sich jemand setzen zu wollen. Ich hob meinen Kopf und antwortete „Moin". Da traf mich der Schlag. Es war der alte Mann. Dieser trug ein Grinsen im Gesicht, als würde ihn mein Gesichtsausdruck erheitern.

Mein Blick lag irgendwo zwischen „Oma ist tot!" und „Du bist 10 Tage drüber?!".

Doch irgendwie war es mir selbstverständlich klar, dass ich den Mann wiedersehen würde. Ich meine, es musste ja einen Grund haben, wieso er mir diesen Flug spendierte.

Da saß ich nun, neben dem älteren Herrn, gefangen in einem Flugzeug. Ich hatte das Gefühl, dass ich ihn mir nun vorknöpfen konnte, um diese ganzen verrückten Vorkommnisse aus der Welt zu schaffen. Gerne hätte ich gewusst, welche tiefere Bedeutung dieser Flug hatte? Wieso ausgerechnet ich? War er vielleicht verwandt mit mir und wollte es mir auf eine skurrile mysteriöse Weise deutlich machen? Oder war er ein Freund meiner Eltern? Na, dann würde es ihm sicher nicht gefallen, dass ich Opas Tod als Ausrede benutzt hatte. Letztendlich war er wahrscheinlich nur ein verrückter alter Mann, der zu viel Geld hatte.

„Wie ich sehe bist du meiner Einladung gefolgt, Jim." Sprach der alte Mann, während das Flugzeug sich auf den Start vorbereitete.

„Ich würde gerne wissen, wieso. Wieso haben Sie mir dieses Ticket geschenkt?" antwortete ich.

Der ältere Mann antwortete mit einem Grinsen im Gesicht:

„Verständlich Jim. Mich würde es ebenfalls irritieren. Ich habe dir aber nichts geschenkt. Ich habe in dich investiert."

Investiert? War ich sein Kapital? Irgendwie wurde es ungemütlich bei dem Gedanken daran, ich würde ihm einen Nutzen bringen. Vielleicht war das alles ein riesengroßer Fehler und ich sollte schleunigst weg. Jetzt mal ganz ehrlich, welcher Mensch auf dieser Welt würde einem anderen einen Gefallen tun ohne einen eigenen Nutzgedanken?! Wie naiv ich doch war. Jetzt saß ich hier in diesem Flugzeug fest, welches sich soeben auf die Startbahn begab und die Triebwerke aufdrehte. Und ab ging's… Den Weg zurück konnte ich zu diesem Zeitpunkt erst einmal vergessen.

Der ältere Herr schien meine Anspannung zu spüren und sagte: „Jim, keine Sorge. Vertrau mir."

Sollte das ein Witz sein? Vertrauen? Einem vollkommen Fremden, der mir Briefe wie ein Stalker in die Hand drückte? Ich sollte wohl eher über eine Unterlassungsklage nachdenken als über Vertrauen. Andererseits hatte ich mich freiwillig in dieses Flugzeug begeben. Auf irgendeine Art und Weise vertraute ich ihm. Von außen betrachtet wirkte mein Verhalten schizophren. Für mich ergab alles und nichts einen Sinn.

„Aha." antworte ich mit nervöser Stimme.

„Wollen wir eines aus der Welt schaffen: Mein Name ist Zine, ausgesprochen wie „sein"."

Zine.. Zine.. Das Buch! Der Mann neben mir schien der Autor des Buches „Fang an zu Brüllen! – Ein Leitfaden zum Wecken des inneren Löwen" zu sein. Auf einmal machte sich Erleichterung breit. Ein Autor? Der würde mir niemals etwas anhaben wollen, oder doch? Welch eine Logik! Möglicherweise sollte ich eine Rolle in seinem neuen Buch spielen?

Zine fuhr fort: „Ja richtig. Ich bin der Autor des Buches, welches du dort in den Händen hältst. Ein komischer Zufall, nicht wahr?"

In der Tat war das ein komischer Zufall. Wieso hatte ich mir ausgerechnet dieses Buch im Flughafenshop ausgesucht? Und was wollte ein Autor von mir?

Ich antwortete: „Ja, ich habe es mir gerade erst am

Flughafen geholt. Es liest sich ganz nett."

Zine erwiderte: „Nicht zu viel des Lobes!" und lachte vor sich hin. „Jim, wir sind aus einem bestimmten Grund hier: Du verschwendest dein Leben! Seien wir ehrlich. Du bist keine Katze, du hast keine sieben Leben. Selbst wenn, ist das kein Grund, das eine Leben hier wegzuwerfen. Als ich dich sah, bemerkte ich die Trauer, den Hass in deinen Augen. Ich sah keine Lebensfreude, nur Verbitterung. Ich war früher einmal wie du. Ich wette, manchmal bringst du aus so viel Langeweile und Lustlosigkeit nicht einmal ein Fünkchen Energie auf, um dich selbst zu befriedigen."

Ich war fassungslos. Wer war der Mann, dass er behaupten konnte ich würde mein Leben verschwenden? Ich hatte eine Uni besucht, ich war Akademiker und ich besaß einen gut bezahlten Job! Außerdem brachte ich die Energie auf, um mich selbst zu befriedigen!

Also antwortete ich: „Entschuldigung, aber wieso nimmst du dir das Recht heraus zu behaupten, ich würde mein Leben verschwenden?"

Zine grinste, als hätte er gewusst, dass ich so antworten würde. Er erwiderte: „Du hast Recht, es tut mir leid Jim. Das war etwas forsch von mir. Dann sag mir doch einmal, was in der letzten Woche dein aufregendster Moment war."

Bumms. Der hatte gesessen. Ich war ohne Antwort. Mein Tagesablauf war immer der Gleiche. Zur Arbeit, arbeiten, zurück, Pizza bestellen, TV gucken und wieder von vorne.

Bevor ich etwas sagen konnte, schaut Zine mir tief in die Augen und sprach:

„Du lebst dein Leben, als würdest du in einem Wartezimmer sitzen. Doch nicht nur ein, zwei Stunden, nein. Wahrscheinlich sitzt du dort, seitdem du aufgehört hast Kind zu sein. Also wartest du. Du wartest darauf, dass dich irgendwer aufruft. Es kommt jedoch niemand. Dein Name wird nicht aufgerufen. Seit Jahren sitzt du jedoch weiterhin geduldig dort und hoffst, dass irgendwer deine Anwesenheit bemerkt. Es wird Zeit aufzustehen und zu gehen. Keiner kommt und ruft dich auf Jim, es wird Zeit, das Wartezimmer zu verlassen."

Ich schaute ihn nur verdutzt an, doch nicht aus Schock, sondern weil es mich auf eine tiefe Art berührt hatte, die mir leicht die Tränen in die Augen laufen ließ. Seit langer Zeit wusste ich, dass mein Leben kein Leben mehr war. Ich vegetierte nur vor mich hin. Die Stimmen in meinem Kopf hatten mir andauernd gesagt, dass ich neue Dinge wagen sollte, dass ich aufstehen sollte, aber ich hatte nie darauf gehört. Ich saß abends zu Hause, in der Hoffnung durch das Wischen auf einer Datingapp meine Liebe des Lebens zu finden. In der Hoffnung, dass sich mein Leben mal zu glücklich wendete. In der Hoffnung, dass jemand mich aus diesem Leben holte und alles änderte.

Leicht schluchzend wollte ich etwas antworten, doch Zine legte seine Hand auf meine Schulter und sagte:

„Ein Löwe des Lebens lässt Gefühle zu,
denn er weiß, dass in ihnen die Wahrheit
verborgen liegt."

„Jetzt ruh' dich etwas aus. Das wird eine lange Reise."

Zine setzte sich wieder aufrecht hin und schloss die Augen. Ich schaute aus dem kleinen, ovalen Flugzeugfenster und sah die Wolken. Mich überkam ein Gefühl der Freiheit. Hier über den Wolken, wo der Himmel grenzenlos war. Mir fiel auf, dass Zine mich endlich aus meinen Wartezimmer holen wollte. Der Schmerz den ich gespürt hatte schwand langsam und ein Glücksgefühl machte sich breit. Gleichzeitig wurden erneut Stimmen in mir laut. Wieso machte er das? Was hatte er davon? Wohin würde die Reise gehen?

Ich blickte weiterhin aus dem Fenster und ließ mir allerhand Gedanken durch den Kopf gehen, bis ich langsam eindöste.

7 WELCOME

„We are now preparing for landing, please fasten your seatbelts and straighten up your seats. Thank you."

Da waren wir also, im Landeanflug auf Paro. Ich war vorher noch nie im Bhutan gewesen, geschweige denn hatte ich oft von diesem Land gehört. Während des Landeanfluges schaute ich aus dem Fenster und sah eigentlich nur eine Sache: Berge. Egal wo ich hinschaute, Gebirge, Natur, Wald. Zwischendurch erkannte ich in dieser Mischung aus braun, grün und gelb ein paar kleinere Häuschen, ganz abgelegen.

Während das Flugzeug immer weiter sank, tat sich plötzlich ein Loch vor uns auf. Aus dem Fenster erkannte ich, dass wir zwischen Gebirgsketten durchflogen. Anscheinend lag genau in diesem Pass der Flughafen.

Bei dem Gedanken, zwischen diesen Bergen zu landen, wurde mir mulmig. Innerhalb dieser Berge sollte ein ordentlicher Flughafen stehen? Wie aus dem nichts sah ich, dass wir wohl fast schon am Boden waren. Ein Rütteln ging durch die Maschine. Die Räder setzten auf der Landebahn auf und zu meinem Schock war dieser kleine Gebirgspass noch viel enger und kleiner, als man sich das jemals vorstellen konnte.

Ehrlich gesagt wunderte es mich, dass Flugzeuge in der

Lage waren, auf diesem Flughafen zu landen. Während das Flugzeug noch ungemein schnell unterwegs war, bekam ich das ungute Gefühl, dass wir es mit einer sehr kurzen Landebahn zu tun hatten. Doch der Pilot schaffte es ohne Probleme, das Flugzeug abzubremsen. Zine fing an zu klatschen, während alle anderen sich anschlossen, mich eingeschlossen. Dabei klatschte ich nie, wenn ein Flugzeug landete. Ich meine, bei einem Busfahrer klatschte auch niemand, wenn dieser Mal eine Haltstelle anfuhr. Theoretisch war die Chance, in einem Bus zu sterben wesentlich höher.

In der Zeit, in der ich vor mich hin philosophierte, hatte der Pilot einen Platz gefunden. Das schien auch nicht außerordentlich schwer zu sein im Bhutan, da weit und breit auf diesem Flugplatz ein einziges Flugzeug stand.

„Nicht viel Betrieb hier" dachte ich mir. Das eine große Flughafengebäude, welches dieser Flughafen besaß, hatte grüne Dächer im asiatischen Stil, wie aus diesen Shanghai-Kampf-Filmen, die ich mir als Kind immer angeschaut habe.

Als Zine und ich das Flugzeug verließen, stiegen wir die angedockte, weiße Treppe hinunter und liefen zehn Meter zum Flughafenhäuschen. Ja, ein Häuschen. Das Ding war kleiner als unser Bürogebäude. Eigentlich kleiner als unsere Toilette.

Die Sicherheitsvorkehrungen waren praktisch nicht vorhanden. Außer ein paar Kofferscannern, juckte es hier anscheinend niemanden groß, was die Sicherheit angeht. Zumindest schienen sie es lockerer anzugehen als anderswo auf der Welt. Wer würde auch etwas im Bhutan anstellen wollen?

Die Passkontrollen befanden sich im inneren des grün, rot, weißen Gebäudes. Die Halle war mit Marmorboden ausgelegt, welcher rechteckige Formen darstellte, die etwas Ähnlichkeit mit einem Pentagramm hatten. Die Säulen waren aus Holz und beklebt mit irgendwelchen Postern, deren Schrift ich nicht entziffern konnte. Es wirkte alles ein wenig arabisch und gleichzeitig asiatisch. Die Verzierungen erinnerten mich an meinen Marokkourlaub, die Drachen und Farben hingegen an asiatische Filme.

Da fiel mir ein, dass ich kein Wort im Bhutan sprechen konnte, besser gesagt, ich wusste nicht einmal, was im Bhutan gesprochen wird.

Während ich den braun, schwarz, rötlichen Stuck an der Decke betrachtete, waren wir an der Reihe. Die drei Personen vor uns in der Passkontrolle waren schnell bedient.

In diesem Moment fiel mir ein, dass ich gar kein Visum beantragt hatte! Gedanken machten sich breit. Was ist, wenn ich gar nicht in das Land hereinkomme? Dann sitze ich hier fest! Ich spreche kein Bhutanisch oder was auch immer! Fuck!

Da verlangte der Beamte, der eine schwarze Uniform trug, auch schon nach unseren Ausweisen. Während in mir langsam aber sicher die Angst stieg, ich würde hier auf ewig festsitzen, schien der Beamte gut Englisch zu sprechen. Die Menschen im Bhutan sahen sehr asiatisch aus, von der Hautfarbe etwas dunkler, aber von den Gesichtszügen her definitiv asiatisch.

Zine wechselte ein paar Worte mit dem Beamten, legte ihm Geldscheine hin und füllt zwei Formulare aus. Der Mann gab uns daraufhin die Ausweise inklusive Stempel zurück. Anscheinend hatte Zine diesen Mann gerade bestochen, zumindest sah es so aus.

Wahrscheinlich lief das hier so. Das erinnerte mich immer an die Geschichten im Marokko, wo für ein bisschen „Trinkgeld" immer ein VIP-Platz am Dinner oder Liegen ganz vorne am Strand drin waren. Aber ein ganzes Visum? Ich wäre jedoch der, letzte der sich in diesem Moment darüber beschwert hätte.

Nachdem wir unsere Koffer geholt hatten, stiegen wir in ein Taxi. Die bhutanischen Taxis hatten alle gelbe Dächer. Wie es aussah bestand die Auswahl an Taxis aus einer Schrottplatzsammlung asiatischer Autos, die im westlichen Teil der Welt wahrscheinlich niemals eine Straßenzulassung bekommen hätten.

Eigentlich wollte ich während der Fahrt mit Zine rede, wo wir hinfuhren, was wir hier machten, aber ich kam zu keinem einzigen Wort. Die Kulisse war einfach nur atemberaubend. Rundherum waren Gebirge und ein Berg sah so riesig aus, dass ich mir so den Mount Everest vorgestellt hätte. Es war nicht zu fassen.

Auf der Straße verteilt waren überall kleine Häuschen, verziert mit Fahnen. Ein malerisches Bild. Mir fehlten die Worte. Auf dem Weg sah ich immer wieder Männer in einer Art traditioneller Kleidung. Es sah aus wie ein buddhistischer Anzug. Die meisten davon waren grau und hatten weiße Ärmel.

Kurz darauf kamen wir am Hotel an. Es schien recht neu zu sein. Es sah zumindest westlicher aus als die wenigen anderen Gebäude in der Umgebung. Ganz klassisch weiß. Zine zeigte mir an, dass wir aussteigen sollten, als das Auto anhielt. Der Fahrer, der sehr herzlich wirkte, half uns beim Entladen der Koffer. Zine drückte ihm Geld in die Hand. Der Fahrer schüttelte ihm freudestrahlend die Hand und verneigte sich vor ihm. Zine verneigte sich ebenfalls. Ich schloss mich an und verneigte mich ebenfalls vor dem Mann. Schien ein kulturelles Ding zu sein.

Eine Verneigung sagte so viel mehr aus als ein Einfaches „Danke“. Wenn man sich die Mühe machte, den Körper zu verneigen, fühlte es sich ehrlicher an, dankbarer.

Währenddessen überlegte ich, wie lang wir schon unterwegs waren und wie viel Uhr wir hier womöglich hatten. Denn mir fiel auf, dass ich die Zeit vergessen hatte. Ich war versunken in dieser mystischen Welt. Versunken in der Tatsache, dass sich alles surreal anfühlte. War es real?

Am nächsten Morgen weckte mich Zine früh. Dank des Jetlags stand ich nur mit Widerwillen auf. „Los, es geht frühstücken. Du wirst die Energie brauchen!“ rief mir Zine mit einem besserwisserischen Lächeln zu.

Unten am Frühstückstisch gab es viel Auswahl. Einiges an Nahrung, welche wir auch im Westen aßen, doch ebenso viele asiatische Spezialitäten. Meine Müdigkeit trieb mich direkt zum Kaffeeautomaten. Zine war nicht zu sehen, also frühstückte ich alleine.

Ich hätte gerne gewusst, wo es an diesem Tag hinging. Zine

kam mir vor wie eine Art Reiseführer. Die Rollen waren klar verteilt. Ganz selbstverständlich. Als kannten wir uns bereits ewig.

Ich stellte mir die Frage, wie Zine mich aus meinem „Wartezimmer" befreien wollte. Wollte er mir zeigen, wie man lebt? Wie sollte das funktionieren? Den ganzen Zweck hier hatte ich in keiner Weise verstanden, doch meine Antworten sollte ich schon bald bekommen.

Eine Mischung aus Neugier und Verwirrtheit ließ mich in vollkommen andere Gedankengänge abtauchen. Ob Sarah meine Ausrede mit dem toten Opa geschluckt hatte? Wenn nicht, hatte ich soeben meinen Job verloren? Diese Furie war nachtragend. Wenn ich ihn nicht verloren hatte, würde sie mich definitiv mit Arbeit bombardieren, bis ich an einem Herzinfarkt starb oder an Langeweile.

Im Augenwinkel beobachtete ich ein Gespräch zwischen Zine und einem Angestellten. Sie schienen sich zu kennen und Zine beherrschte anscheinend einige Worte der Sprache hier. Ich wusste nicht, ob es die Mentalität der Menschen hier war, aber alle behandelten Zine, als wäre er einer von ihnen, wobei er gar nicht so aussah. Typisch westlich, leicht dunklere Haut, wie jemand, der viel Urlaub machte. Er trug einen leicht gräulichen Bart und wirkte irgendwie anziehend. Eine Mischung aus weise und gutaussehend. Die Art von Kerl auf, die junge und alte Frauen abfuhren. Eine Art Clooney-Charakter. Selbst in diesem Moment mit seinen komischen Latschen, dem lockeren schwarzen T-Shirt und der Jogginghose.

Wenn man das Wort Charisma beschreiben würde, wäre die erste Person, die mir dazu einfallen würde, Zine. Irgendwie schaute ihn jeder an, wenn er den Raum betrat und war angenehm überrascht. Es war komisch. Genauso wie bei dem Beamten an der Passkontrolle. Zine agierte immer unglaublich ruhig und war kein bisschen aufgeregt. Er sprach sehr klar, druckvoll und doch ruhig. Er hob seine Stimme nur zum betonen einzelner Worte.

Während ich über ihn nachdachte, drehte er sich zu mir,

mit einem Glas Kaffee in der Hand.

„Fertig?" fragte Zine.

„Ja, soweit." Antwortete ich.

„Hast du angenehm geschlafen? Gleich wird's ein wenig anstrengend." Verriet er mir.

„Wo gehen wir hin?" fragte ich Zine.

Zine antwortete „Das wirst du sehen. Soviel sei verraten: Ich bringe dich an einen der unglaublichsten Orte dieser Welt.".

Ich mochte keine Rätsel. Da ich mittlerweile bemerkt hatte, dass dies eine seiner Maschen war, fragte ich nicht weiter nach. Ich musste mich letztendlich sowieso anschließen, um herauszubekommen, was er mit mir vorhatte.

Zine fügte hinzu: „In unserem Zimmer liegen Wanderklamotten. Wie du schon bemerkt hast, ist es draußen kälter und da wo wir hingehen, wird es noch einmal eine Nummer kühler. Zieh dich also warm an!". Er zwinkerte mir zu und verließ den kleinen Frühstücksraum, der aussah, als würde ich in einem Chinarestaurant sitzen. Es fehlte nur das schlecht eingerichtete Aquarium inklusive Goldfischen.

Ich begab mich auf das Zimmer und sah die Ausrüstung. Schuhe, eine dicke Jacke, eine Wanderhose, einen Pulli, Unterziehsachen, einen Rucksack, eine Flasche, eine Sturmmaske und noch mehr Krams. Kurzzeitig überlegte ich, ob der Typ mit mir in den Krieg ziehen wollte, bei all der Ausrüstung. Doch lieber zog ich es an, als im Fall der Fälle ohne dazustehen.

Ich zwängte mich in die verschiedensten Schichten Klamotten. Nach gefühlten drei Stunden des Anziehens stand ich vor dem Spiegel. Bereit wie ein Soldat. Oder ein Pfadfinder. Ja, eher Pfadfinder. Was fehlte? Das Halstuch und die Kekse.

Während ich mich so begutachtete und mir im Zimmer langsam der Schweiß hochkam, klopfte es an der Tür. Es war Zine. Der fing erstmal mächtig an zu lachen.

„Jim, zieh die Jacke aus, sonst schwitzt du dich tot bis wir da sind. Wir müssen erstmal mit dem Taxi fahren. Wenn du fertig bist, komm runter. Das Taxi wartet auf uns."

Gesagt, getan.

Unten angekommen verlud ich meine Klamotten in den Kofferraum und setzte mich ins Taxi. Es war kühl geworden draußen. Sehr kühl. Meine Anspannung darüber, wo es hinging und was es mit dieser Reise auf sich hatte, macht es jedoch aushaltbar.

Das Taxi, wieder mit gelbem Dach, setzte sich in Bewegung und wir fuhren durch relativ leere Straßen. Dasselbe Bild wie am Vortag: überall Fähnchen, kleine asiatische Häuser, ab und zu Orte, die aussahen wie ein Schrein. In jedem dieser Schreine hing eine große Glocke.

Ich startete einen erneuten Anlauf, herauszufinden, wo es hinging: „Zine, willst du mir nun sagen, wo wir hinfahren."

Nach einem kurzen Moment der Stille sprach er: „Ok, du hast Recht. Es ist unfair von mir. Ich sage dir, wo wir hinfahren." Er hielt wieder kurz inne und ergänzte: „Wir fahren ins Tigernest oder besser gesagt, wir laufen."

„Was ist das Tigernest?" Fragte ich.

„Das wirst du dann sehen." Antwortete Zine mit einem Grinsen im Gesicht. Er wusste genau, dass mir diese Antwort genauso viel gebracht hatte, als hätte er mir keine Antwort gegeben.

Zumindest hatte es irgendetwas mit Tigern zu tun. Vielleicht schauten wir uns welche an?

Bevor ich jedoch weiter darüber spekulieren konnte, was das „Tigernest" war, waren wir auch schon da. Wie es aussah befanden wir uns am Fuß eines Berges und mit der ganzen Ausrüstung hinten im Kofferraum bekam mich langsam aber sicher das mulmige Gefühl, dass Zine dort hochwollte.

Zu meinem Bedauern sah ich weit und breit jedoch keine Seilbahn, Skilifte oder ähnliches. Wie sich herausstellen sollte, würde der Aufstieg nicht allzu angenehm werden.

Da standen wir nun am Fuß eines Berges. Ich konnte nicht erkennen, wie hoch das Ganze war und ich hatte weiterhin die Hoffnung, dass Zine nicht nach ganz oben wollte. So wie ich diesen Mann jedoch kennengelernt hatte, wollte er nach ganz oben und mir irgendeine Phrase drücken. Dieser Mann stand auf Dramatik. Wie sich später herausstellen sollte, lag ich mit meiner Vermutung richtig.

Ein „Komm Jim, wir haben nicht den ganzen Tag Zeit.“ riss mich aus meinen Gedanken.

Wir gingen am Fuße des Berges in einen kleinen Wald hinein. Ein typischer Trampelpfad wie ich ihn aus Wäldern von Zuhause kannte. Neben dem Pfad waren Fähnchen gehisst. Nachdem wir ein Stück gelaufen waren, sah ich Pferde. Eine Menge Pferde. Mich überkam Erleichterung.

Ich hatte schon gedacht, wir müssten den ganzen Weg nach oben laufen. Zine schien jedoch keine Anstalten zu machen und ging schnurstracks an den Pferden vorbei. „Zu früh gefreut“ flüsterte ich vor mich hin.

Auf dem Weg kamen uns kleine weiße Häuschen mit roten Dächern entgegen. Sie waren kleiner als ein Imbisswagen und schienen quadratisch zu sein. In den Häuschen waren irgendwelche zylindrischen Glocken. Ich blieb stehen und begutachtete das Häuschen näher.

Zine sagte: „Das sind Gebetsmühlen. Auf diesen Gebetsmühlen sind Mantras oder auch Gebete aufgetragen. Man dreht diese Mühle, um körperliche Aktivität mit dem Geist zu verknüpfen. Während du betest, sollst du gleichzeitig weiterhin deinen Körper wahrnehmen.“

„Verrückte Sache.“ Antwortete ich. Wer hatte denn schon Spaß dabei den ganzen Tag eine Rolle zu drehen, auf der etwas draufstand?

Während wir Stück für Stück zurücklegten, wurde der Aufstieg steiler. Hin und wieder begegneten wir ein paar Menschen, anscheinend Touristen, die mit einem Pferd den Aufstieg wagten. Da kam mir der Gedanke, dass es möglicherweise eine Art Pilgerpfad war, ähnlich dem Jacobs-Weg.

„Hast du mich hier zu einem Pilgerpfad gebracht?“ fragte ich Zine.

Dieser antwortete: „Gut. Ich habe mich schon gefragt, wann du es bemerken würdest.“

„Hättest es mir doch direkt sagen können.“ Erwiderte ich

leicht angefressen. Ich verstand nicht, wieso er so ein Drama daraus machen musste.

Zine sagte: „Wozu sagen? Du besitzt doch anscheinend eine funktionierende Beobachtungsgabe. Man kann das hier bezeichnen, wie man möchte. Für manche ist dies ein Pilgerweg, für manche ein Pfad an einem Berg und für andere wiederum irgendein nutzloser Weg. Nur du weißt, was das hier für dich ist."

Ich entschied mich für „nutzloser, bescheuerter Weg". Zine schien jedoch gesprächiger zu werden, das musste ich ausnutzen.

Ich fragte: „Wozu? Wozu gehen wir den Pfad hier hoch?"

„Wie ich sagte: Wir gehen zum Tigernest."

„Wieso? Was gibt es da oben zu sehen?"

„Das kann ich dir kaum sagen. Jeder sieht etwas Anderes. Für mich ist es einer der atemberaubendsten Orte dieser Welt."

„Wieso bringst du mich dort hoch?"

„Das verrate ich dir ein andern Mal. Spar dir lieber die Luft. Du wirst sie brauchen."

Langsam hatten wir an Höhe gewonnen und befanden uns am Rand des Berges. Hier gab es richtige Treppen und Geländer, zwar sehr provisorisch, doch sie schienen seit Jahren zu funktionieren. Zu meiner linken sah ich das erste Mal das Tal. Es sah sehr imposant aus. Ein schöner Ausblick. Die Bäume, viele Berge und sehr viel Natur.

Ich konnte jedoch nie viel mit Natur anfangen und konzentrierte mich wieder auf den Aufstieg. Mit der Zeit wurde deutlich, was Zine mit „Spar dir lieber die Luft" gemeint hatte. Es überkam mich das Gefühl, dass es immer weniger davon gab.

Da wurde mir bewusst, dass mit jedem Höhenmeter die Luft dünner wurde. Das hatte ich in dieser Reportage über Besteiger des Mounts Everests gesehen. Nützliche Fakten aus Film und Fernsehen.

Ich fing an, mich auf meinen Atem zu konzentrieren und bemerkte, dass meine Beine langsam schwerer wurden. Sie fingen an zu brennen und brannten stärker, mit jedem Schritt den ich machte. Dabei versuchte ich immer wieder, nach mehr Luft zu schnappen, doch es ging nicht.

Es war total verrückt. Ich atmete tief ein, doch es fühlte sich an, als würde es keine Luft geben. Als versuchte ich, unter Wasser zu atmen. Trotzdem legte ich Schritt für Schritt zurück und bemerkte gar nicht, wie es neben mir mittlerweile aussah. Mein voller Fokus lag auf dem Aufstieg. Ich konnte vor Zine nicht zugeben, dass ich kurz vorm Sterben war. Wobei es kein Hexenwerk war, dies zu erkennen.

Dieser Mann war bestimmt 20 Jahre älter als ich, doch schien er keine Probleme mit der Luft zu haben. Glücklicherweise erreichten wir eine Art Aussichtspunkt und Rastplatz. Wieder stand dort eine Gebetsmühle und überall befanden sich bunte kleine Fahnen.

Da ich jedoch kurz vorm Sterben war, setzte ich mich erst einmal auf einen Felsen und holte tief Luft.

„Na, aus der Puste?" fragte mich Zine mit einem süffisanten Lächeln.

Ich nickte nur. Keinen Atem, um großartig zu antworten.

Zine stellte sich an den Rand des Aussichtspunktes und schaute ins Tal. Er schien voll in dem Moment aufzugehen und die Natur zu genießen. Sein Blick und das Glänzen in den Augen wirkten, als wäre er ein Kind und hätte zu Weihnachten genau das Geschenk bekommen, was er sich die ganze Zeit gewünscht hatte.

Irgendwie beneidete ich ihn in diesem Moment. In diesem Mann loderte ein Feuer, von dem ich nur träumen konnte. Lange hatte ich nichts mehr gefühlt, was der Leidenschaft nahekam. Bei ihm hingegen war das Feuer nicht zu übersehen.

„Ist das nicht wunderschön?" fragte mich Zine.

In dieser Zeit hatte ich den Ausblick noch keines Blickes gewürdigt. Ich war viel zu sehr darauf bedacht wieder normal zu atmen.

„Mag sein." Antwortete ich.

„Weißt du, wieso du so nach Atem ringst?" fragte mich Zine.

„Weil ich gerade eine Millionen Treppenstufen

hochgelaufen bin?“ fragte ich gehässig zurück.

„Das wird’s nicht sein, Jim. Es schaffen ja auch Ältere, ohne sich so abzurackern. Deine Atmung. Du atmest falsch.“

„Wie kann man bitte falsch atmen? Ein, aus, ein, aus. Das kontrolliere ich doch nicht. Mein ganzes Leben lang atme ich so.“

„Nur weil du etwas dein Leben lang tust, heißt es doch nicht, dass es auch richtig ist. Unsere Atmung beeinflusst alles mein Freund. Deine ganze Vorderseite ist verspannt, verschlossen. Du atmest kurz in den Brustkorb und sofort wieder aus. Wenn du in Luftnot kommst, atmest du schneller und schneller und kriegst noch weniger Luft. Dein Herz fängt an schneller zu pumpen und immer weiter.“

„Wie soll ich denn sonst atmen, wenn nicht in meine Brust hinein? Immerhin befinden sich dort meine Lungen.“

„Atme tief in deinen Bauch. Dein Bauch soll sich richtig wölben. Mit unserer Atmung haben wir direkte Kontrolle über unser Herz und über unsere Anspannungen. Nicht umsonst sollten wir tief einatmen, um uns zu beruhigen. Unsere Atmung ist die direkte Verbindung zum Leben. Horche aufmerksam jedem Atemzug. Jeder Atemzug gibt dir Kraft und Energie.“

„Welch ein esoterischer Humbug“ dachte ich mir, doch aus der Not heraus probierte ich es trotzdem aus.

Ich schloss meine Augen und atmete tief in den Bauch hinein. Zunächst merkte ich, dass ich etwas mehr Luft bekam. Daraufhin lockerte sich meine Anspannung. Mein Atem wurde langsamer und mein Puls beruhigte sich etwas.

Es schien zu funktionieren. Es war erstaunlich. Ich hätte nie gedacht, dass ich mehr Luft bekommen würde, wenn ich durch den Bauch atmete.

Zine hatte das ganze beobachtet und sagte: „Konzentriere dich einmal auf den Punkt zwischen Ein- und Ausatmen. Diese Lücke die entsteht. Der Wendepunkt deines Atems, wenn du ihn so nennen möchtest. Halte diesen Moment kurz und schaue was passiert.“

Da ich mich sowieso auf meinen Atem konzentrierte,

probierte ich es aus. Während ich einatmete, wölbte sich mein Bauch. Dann hob sich langsam der Brustkorb. Bevor ich wieder ausatmete, hielt ich kurz inne und spürte… Stille.

In diesem Moment hatte ich das Gefühl, die Zeit bewegte sich langsamer, als wäre ich das Zentrum der Welt. Es erinnerte mich an den Moment vor einem ersten Kuss. Die zwei, drei Sekunden, in denen man das Knistern spürte. Der Zeitraum, in dem alles still stand, weil man nicht wusste, ob es jetzt wirklich passieren würde.

Es war, als würde ich für eine Sekunde an einen Ort gehen, an dem Frieden herrschte. Dort, wo alles egal war. Ich spürte Frieden in mir.

„Du scheinst es gefühlt zu haben.“ Unterbach mich Zine.

„Das ist verrückt!“ erwiderte ich.

„Unser Atem ist die Verbindung zu allem. Mit deinem Atem kannst du die Gefühle steuern, deine Gedanken unterbrechen. Manche Religionen sagen, dass dieser stille Punkt die Verbindung zu Gott ist. Nicht umsonst ist die Basis einer Meditation dein Atem. Man behauptet, dass es Mönche gibt, die nur durch ihre Meditation ihren Herzschlag aussetzen lassen können.“

Ich war skeptisch. Seinen Herzschlag aussetzen lassen? Andererseits hatte ich gerade selbst mein Herzschlag verlangsamt, meinen Atem beruhigt, und das nur durch meine Atmung. Möglicherweise konnte man das tatsächlich durch jahrelanges Training erreichen.

„Verbindung zu Gott? Ich glaube an keinen Gott. Wieso sollte es einen Gott geben? Wenn es einen Gott gäbe, dann hätte er mir sicher ein besseres Leben geschenkt.“

„Das ist erstaunlich. Du hast gerade etwas zu trinken, oder?“

„Ja.“

„Und regelmäßig zu essen?“

„Ja.“

„Ein Schlafplatz im Warmen?“

„Auch das.“

Langsam wurde mir klar, worauf Zine hinauswollte.

„Deine Eltern wurden also nicht in einem Bürgerkrieg umgebracht und du musst seitdem auf der Straße leben, hungernd, dürstend, suchend nach einem Schlafplatz, wo du die Nacht verbringen kannst und in Sicherheit bist?“

„Nein. Aber…“

Zine unterbrach mich: „Bevor du etwas sagst, es gibt immer noch schlimmere Dinge auf der Welt. Gleichzeitig kann man sich fragen: Wenn es ein Gott gäbe, wie kann er zulassen, dass unschuldige Kinder Tag für Tag sterben? Ich verstehe die Frage, ehrlich. Ich weiß es nicht. Vielleicht gibt es das Böse, damit es das Gute gibt? Doch genau, weil solche Dinge auf der Welt passieren, sollten wir die Welt zu einem besseren Ort machen. Wir sollten den Menschen in unserem Leben mehr Liebe schenken. Dankbarer, auch für die kleinen Dinge sein. Wenn wir uns nämlich die Probleme anderer anschauen, kommen uns unsere Probleme gar nicht mehr so groß vor. Es gibt immer jemanden, der mehr Leid durchgemacht hat, als du es hast.“

Zine schaute mich mit einem Schmerz an, als wüsste er wovon er sprach. Irgendetwas musste in seinem Leben passiert sein, was einen großen Schmerz verursacht hatte. Seine Augen wurden feuchter und er fuhr fort: „Auch mir sind Dinge passiert. Wir alle haben unsere Leiden im Leben, doch aus jedem Leiden lernen wir.“

„Ein Löwe des Lebens lächelt, auch wenn es regnet, denn hinter all den Wolken wird die Sonne weiterhin scheinen.“

Ich fragte mich, was es war. Was diesen Schmerz in ihm verursacht hatte. Ich traute mich jedoch nicht es anzusprechen.

„Du hast Recht. Manchmal vergesse ich, wie reich ich eigentlich bin.“ Sagte ich.

„Das passiert jedem. Wir müssen uns nur täglich daran erinnern, wie gut es uns eigentlich geht. Komm, lass uns weiter.“

Während wir uns erneut auf dem Pfad befanden, der an der

seitlichen Bergwand entlang verlief, dachte ich über Zines Leben nach.

Ich kannte diesen Mann nicht wirklich, trotzdem wirkte er mir seit dem ersten Tag vertraut. Ich folgte ihm blind. Rein objektiv betrachtet mochte es verrückt klingen, aber er war der einzige Mensch auf der Welt, dem ich momentan mein Leben anvertrauen würde.

Ich selbst konnte mir nicht glauben, was ich da dachte. Doch er war der erste Mensch seit langem, der mir Liebe schenkte. Keine Liebe wie einem Partner, nein. Eine andere Form. Eine Form von Nächstenliebe. Er gab mir das Gefühl bedeutend zu sein. Er gab mir ein Gefühl von Urvertrauen. In seiner Welt war ich jemand. Er nahm sich Zeit für mich. Das hatte lange keiner mehr getan. Vielleicht war er auch der Vater, den ich mir immer gewünscht hatte. Jemand mit Charisma, Stärke und Liebe.

In Gedanken vertieft zeigte Zine mit seinem Finger nach rechts oben. Zunächst erkannte ich nichts. Mit genauerer Betrachtung fiel mir aus der Ferne ein kleines Haus auf. Durch all die Wolken war es schwer zu erkennen.

„Das ist das Tigernest." sagte Zine.

Es schien ein Haus zu sein, welches direkt am Rande des Berges gebaut wurde.

„In 3000 Metern Höhe. Es ist schon mehrmals abgebrannt, aber man hat es immer wieder aufgebaut."

Es sah von hier unten zwar klein, aber unglaublich aus. Surreal. Ein Haus direkt am Rande des Berges in 3000 Metern Höhe.

Trotzdem fragte ich mich, auch wenn es noch so schön aussieht, wieso wir dort hochgehen mussten. Wir hatten es ja jetzt gesehen.

„Was gibt's da besonderes?"

„Ein heiliger Ort mein Freund, ein heiliger Ort…" sprach Zine mit einer Bewunderung, die seinesgleichen suchte.

„Wie hoch sind wir denn jetzt?" fragte ich Zine.

„Vielleicht so um die 2000 Meter?"

Noch 1000 Höhenmeter für ein Haus… Wow. Worauf

hatte ich mich da eingelassen?

Plötzlich fing es an zu schneien. Das erklärte die schwere Sicht. Es waren keine Wolken, sondern Schnee.

Zine freute sich sichtlich: „Du hast Glück Jim, der Schnee macht das Ganze hier noch einmal schöner."

„Erschwert uns aber den Aufstieg."

„Es wird sich lohnen. Dort oben findest du die Antwort auf all deine Fragen."

„Treffen wir Gott?"

„Besser!"

Besser als Gott persönlich zu treffen?

Mit jedem Höhenmeter wurde der Aufstieg schwerer, der Schnee hatte es nicht unbedingt leichter gemacht. Während wir aufpassen mussten, dass wir keine falschen Schritte machten und abrutschten, wurde die Luft zunehmend dünner. Trotz meiner tieferen Atmung fiel es mir schwer, Sauerstoff zu bekommen.

Nach einiger Zeit fing meine Muskulatur wieder an zu brennen. Ich signalisierte Zine, dass wir eine Pause machen sollten.

Zine erwiderte: „Es kommt gleich ein letzter Aussichtspunkt, dort werden wir pausieren."

Nach gefühlten sieben Jahren waren wir unverletzt an dem Aussichtspunkt angekommen.

Leider musste aufgrund des Schnees der Aussichtspunkt neu definiert werden. Denn viel zu sichten war dort nicht. Wir setzten uns auf den Boden und holten etwas Luft.

Zine sagte zu mir: „Wir sind gleich da. Das ist der letzte Aussichtspunkt. Das Tigernest ist ein Kloster. Dieser Pfad wird von den Mönchen genutzt."

Ich antwortete: „Und in diesem Kloster finde ich die Antworten auf meine Fragen? Zum Beispiel wozu wir das Ganze machen und was an diesem Kloster so besonders ist?"

Zine grinste mich trocken an und sagte: „Jim, du bist echt eine Nervensäge. Warst du als Kind auch schon so nervig?"

Ich lachte und wir nahmen einen Schluck Wasser.

Nach kurzer Pause stand ich auf, ging ein paar Schritte und

sagte: „Los geht's Zine. Ich will heute noch fertig werden, alter Mann."

Zine folgte mir und erwiderte sarkastisch: „Na, hat dich die Neugier gepackt? Und pass lieber auf, dass dir der alte Mann nicht gehörig in den Arsch tritt!"

Während des weiteren Aufstieges hörte es auf zu schneien und der Himmel wurde klarer. Wirklich klar. Solch ein Blau hatte ich noch nie in meinem Leben gesehen. Den Himmel betrachtend und darauf bedacht, nicht zu stolpern, kamen wir an einer Brücke an.

„Da sollen wir ernsthaft drüber gehen?" fragte ich Zine schockiert, während ich die Holzbrücke mit Seilen als Aufhängung betrachtete. Wie in jedem schlechten Dschungelfilm. Tausend Mal gesehen, jedes Mal war diese Brücke eingebrochen. Zuerst brachen die Holzlatten, dann rissen die Seile und irgendwer starb. Nicht mit mir.

Ohne zu antworten, fing Zine an loszulaufen. Schritt für Schritt, von Holzlatte zu Holzlatte. Es schien zu halten.

Während ich Schwierigkeiten hatte, meinen Fuß auf das erste Holzbrett zu setzen, war Zine schon zur Hälfte drüber. Ich hatte als Kind unglaubliche Angst vor Höhen. Wenn ich auf festem Grund stand, kein Problem, aber so?

Ich erinnerte mich ganz genau. Damals im Freibad. Alle Kinder waren hoch auf das zehn Meter Brett gestiegen. Ich konnte nicht nein sagen, sonst wäre ich die Lachnummer des Freibads gewesen. Meine Freunde sprangen, einer nach dem anderen. Dann war ich an der Reihe.

Von unten sah es machbar aus. Kein Problem. Gar nicht so hoch. Doch während ich Treppenstufe für Treppenstufe in die Höhe stieg, rutschte mir mein Herz in die Hose.

Ich versuchte nicht nach links und rechts zu gucken, nicht zu gucken, wie hoch ich eigentlich war. Es ging nicht. Im Augenwinkel sah ich, dass unter mir die Welt immer kleiner wurde. Es war unbeschreiblich hoch. Es sah aus, als würde ich direkt in den Himmel steigen. Oben angekommen, nahm ich mir vor, einfach loszulaufen und nicht anzuhalten.

Ich holte tief Luft, ging Schritt für Schritt und blieb stehen… direkt vor der Kante. Ich schaute runter und sprang sofort zurück. Ich dachte, dass ich auf dem höchsten Punkt der Welt stehen würde. Die Angst schoss mir in die Knochen, ich konnte mich nicht bewegen. Unten riefen sie alle: „Los, spring du Weichei!"

Kinder können verdammt hart sein. Obwohl ich wusste, dass ich noch tausend Mal mehr die Lachnummer des Freibads werden würde, hatte ich nur einen Gedanken im Kopf: Umdrehen und langsam runtergehen. Ich konnte aber nicht. Ich war 13 Jahre alt. Ich stand also da oben und was tat ich? Ich fing an zu heulen, so laut, dass es der Bademeister hören konnte.

Er kam rauf und holte mich runter. Das war der Höhepunkt der Peinlichkeit. Schlimmer ging es nicht mehr.

Seitdem hatte ich Höhen gemieden. Sogar vor einem Trampolin machte ich halt. Ich bekam Gänsehaut, wenn ich nur an diesen Moment dachte. Höhen waren mein Kryptonit.

Aus der Ferne rief Zine mir zu und riss mich aus der Erinnerung: „Zähl' im Kopf bis drei und dann geh los!"

Ich wollte ja los, aber ich fühlte mich wie gelähmt von der Angst. In meinem Kopf spielten sich sämtliche Filme ab, wie ich hier sterben könnte. Direkt runterfallen, reißende Seile, stolpern, brechende Holzbretter…

Doch ich sagte mir: „Nicht heute. Nicht wieder. Jim, du schaffst das. Dir kann nichts passieren. Es ist nur eine Brücke. Kein Springen. Kein gar nichts. Nur Gehen. Wie auf Boden."

Ich fing also an zu zählen. „1… 2…3… LOS!"

Ich sprang auf das erste Holzbrett und spürte das Schwingen der Brücke. Fühlte sich an wie im Kletterland, bloß waren hier drunter 3000 Meter Abgrund und keine Auffangmatten. Das Adrenalin schoss mir durch den Körper und ich machte Schritt für Schritt. Die Angst spürte ich weiterhin, doch sie hatte sich in Ekstase verwandelt. Ich fühlte mich lebendig! Mein Herz klopfte schnell, mein Puls raste und ich hatte einen Fokus wie nie zuvor. Meine Gedanken verschwanden.

Schritt und Schritt und Schritt.

Ich sah nichts mehr außer meinem Ziel. Das Ende der Brücke. So stellte ich mir einen Tunnelblick vor. Ohne zu merken, dass ich die Hälfte der Brücke bereits überquert hatte, wartete Zine auf mich.

„Bleib mal stehen“ sagte er mir und mit Widerwillen blieb ich mit festem Griff stehen.

„Schau dir das an!“

Direkt neben der Brücke war ein Wasserfall. Klein und wunderschön. Das Wasser rieselte zwischen den graubraunen, mit Moos bedeckten, Felspalten hindurch. Für einen kurzen Moment vergas ich, dass ich mich auf einer sich bewegenden Holzbrücke befand.

Zine legte seine Hand auf meine Schulter und sagte: „Ich bin stolz auf dich! Merkst du, dass deine Angst nur eine Fantasie ist? Sie ist wie eine Wand, die es gar nicht gibt. Du bist nur der festen Überzeugung, dass sie da ist. Mit jedem Mal, mit dem du vor dieser Wand stehen bleibst, wird sie für dich realer. Gehst du jedoch ein einziges Mal durch deine Wand hindurch, merkst du, dass sie gar nicht echt ist und die Wand wird kleiner, bis sie irgendwann aufhört, für dich zu existieren.“

Es schien wahr zu sein. Die Angst vor der Höhe hatte mich erstarren lassen. Sobald ich jedoch auf der Brücke drauf war, war alles in Ordnung.

„Woher wusstest du von meiner Angst?“ fragte ich Zine.

„Ich wusste es nicht. Ich habe es nur gespürt. Schon am Anfang des Aufstieges hast du eher furchtvoll nach unten geblickt. Als du dann vor der Brücke stehen geblieben bist, war es mir klar. Manchmal braucht es nur einen kleinen Ruck, um in Richtung deiner Wand geschubst zu werden. Ging es beispielsweise um Leben und Tod, wärst du ohne auch nur eine Sekunde nachzudenken über die Brücke gerannt, weil dein Verstand keine Zeit gehabt hätte, über die Angst nachzudenken. Unser Verstand kann ein wahres Wunderwerk sein, er kann uns aber auch außer Gefecht setzen und unser Leben negativ beeinflussen, wenn wir ihn falsch verwenden.“

Er hatte Recht. Im Angesicht des Todes wäre ich wahrscheinlich hier rüber gesprintet, ohne einen Gedanken an meine Angst zu verlieren.

„Also hast du keine Ängste?" fragte ich.

„Natürlich habe ich Ängste. Jeder Mensch hat Ängste. Selbst die härtesten Kerle. Meistens sind das sogar die Menschen mit den meisten Ängsten."

„Nur ein Löwe des Lebens wählt bewusst das harte Leben, weil er dadurch die Freiheit erlangt."

„Was meinst du damit? Inwiefern die Freiheit?" fragte ich.

„Wie fühlst du dich jetzt?"

„Erstaunlich gut."

„Siehst du. Das meine ich mit Freiheit. Wenn wir wirklich frei sein wollen, müssen wir uns täglich unseren Ängsten stellen. Wir müssen täglich lernen einen Schritt auf sie zuzugehen. Ansonsten engen uns die Ängste ein. Beeinflussen unser Handeln, unser Denken. Wir können nur in Freiheit leben, wenn wir bewusst den unangenehmen Weg gehen."

Das tat es wirklich. Das letzte Jahr meines Lebens hatte ich damit verbracht, in meiner eigenen Sicherheit zu leben. Zuhause, in Ruhe, vor dem Fernseher, in einem Job, der mich nicht forderte. Ich bin keine Risiken eingegangen. Nun fühlte ich mich so lebendig wie lange nicht mehr.

„Wann hast du zum Beispiel eine Frau angesprochen, die dir gefallen hat?" fragte mich Zine.

„Eh.. Keine Ahnung. Weiß ich nicht mehr."

„Jim, wenn man so lange in seiner eigenen Komfortzone lebt, wie du es getan hast und wie es 99% der Menschen dort draußen tun, dann wird das wahrscheinlich noch nie oder nur im Einfluss von Drogen der Fall gewesen sein."

Die Wahrheit traf mich direkt ins Herz. Ich wusste natürlich, wann es das letzte Mal war. Auf einer Party im Vollrausch, nüchtern noch nie. Zumindest nicht seitdem ich erwachsen war.

„Schau: Sage mir einmal, wie oft begegnet dir im Leben eine schöne Frau und du sprichst sie nicht an, obwohl du es eigentlich gerne tun würdest. Du dann nach Hause gehst und am Abend darüber philosophierst, wie dein Leben ausgesehen hätte, wenn du dich nur getraut hättest. Ziemlich viel Konjunktiv, oder?"

„Ja, aber ich kann doch nicht einfach eine Frau auf der Straße ansprechen. Was ist, wenn sie mich abweist und ich wie der letzte Idiot dastehe?"

„So denken leider viele. Doch sieh mal: Wenn du den Mut aufbringst, etwas zu tun, wovor alle anderen Angst haben, wird dich innerlich jeder bewundern. Und nebenbei, was ist das schlimmste was dir passieren kann? Dass sie „Nein, Danke" sagt? Trotzdem hast du ihr den Tag versüßt, da du ihr das Gefühl gegeben hast, begehrenswert zu sein. Gleichzeitig hast du deinen Ängsten ins Gesicht gesehen. Wir bereuen immer die Dinge, die wir nicht getan haben. Willst du ein Leben in Reue leben?"

„Natürlich nicht. Es ist trotzdem einfacher gesagt als getan." Antwortete ich.

„Deswegen wählt ein Löwe des Lebens
bewusst den schweren Weg."

„Er fordert sich jeden Tag heraus, um durchgehend zu wachsen. Ein Leben ohne Wachstum ist Stillstand und macht dich nicht glücklich." Zine atmete kurz ein und betrachtete noch einmal den Wasserfall.

Kurz darauf sagte Zine: „Lass uns weiter. Übrigens: Ist dir aufgefallen, dass du seit einiger Zeit auf einer Holzbrücke stehst?"

Ich war so im Gespräch und in Gedanken vertieft, dass es mir überhaupt nicht aufgefallen war. Ich hatte sogar das Schwingen nicht mehr wahrgenommen und meine Hände von den Seilen gelöst. Als Zine dies jedoch erwähnte, überkam mich ein mulmiges Gefühl und für den restlichen Weg hielt ich mich doch lieber fest.

Die Brücke war schnell überquert und so standen wir vor dem Kloster, das Tigernest!

Links, die Felswand und vor uns ein Komplex aus Gebäuden. Es sah aus, als ob diese ineinander gewachsen waren. So etwas hatte ich nie zuvor gesehen. Je weiter man in die Ferne schaute, desto höher wurden die Gebäude im Hintergrund.

Das lag wahrscheinlich daran, dass hier auf einer Steigung gebaut wurde. Es war unfassbar wie man in die Felswand hinein solch einen Gebäudekomplex bauen konnte. Ich fragte mich, wie das Tigernest von innen aussah.

Die Wände waren weiß, die Fenster orange umrandet, verziert mit goldenen Elementen. Die Dächer wirkten typisch asiatisch und waren komplett aus Gold, obwohl ich bezweifelte, dass es echtes Gold war.

Rechts daneben wuchsen vereinzelt Bäume, die von der Klippe aus hochragten. Am obersten Rand, kurz unterm Dach, war ein dicker, orangener Streifen, mit großen, einzelnen, gelben Punkten drauf. Die Farben Orange und Gelb kamen mir irgendwoher bekannt vor. Da fiel mir auf, dass die Flagge des Bhutans Orange-Gelb war, verziert von einem Drachen.

Ich flüsterte ein leises: „Wow..." vor mich hin.

Zine stieg mit ein: „Es ist unglaublich, oder? Kannst du dir vorstellen, dass Menschen in dieser Höhe, neben diesem Abgrund, solch ein Wunderwerk errichtet haben?"

Ich antwortete: „Es ist schon unfassbar, wozu Menschen fähig sind."

Dabei dachte ich an die Pyramiden. Nie hatte ich verstanden, wie Menschen in der Lage waren, solche monströsen, aus Stein gebauten, Gräber zu errichten.

„Lass uns reingehen." Sagte Zine.

„Gerne" antwortete ich mit einer innerlichen Freude. Ich war den ganzen Weg schon gespannt darauf, was mich hier oben erwartete. Besonders war ich gespannt darauf, was mich drinnen erwartete. Die Lösung auf meine Fragen? Wir würden sehen.

Als Zine an die große Holztür klopfte, öffnete nach einem

kurzen Augenblick ein Mönch in einem roten Gewand die Tür. Er bat uns höflich hinein und zeigte auf ein Schild. Dieser Ort schien eine Touristenattraktion zu sein und somit war eine kleine Gebühr fällig.

Zine schien das zu wissen und hatte das passende Geld bereits ausgepackt und in eine Schale gelegt. Er unterhielt sich kurz mit dem Mönch und signalisierte mir, dass wir unsere Schuhe ausziehen sollten.

Zudem legten wir die Jacken und Rucksäcke ab. Links neben uns waren einige traditionelle Kleidungsstücke, aber Zine sagte: „Glaub mir, bis wir die anhaben, ist es zu dunkel um wieder herunterzulaufen."

Ich glaubte ihm und wir traten in das Tigernest ein.

8 EINSAME NACHT

Die Türen schlossen sich hinter uns mit einem Krächzen wie in jedem guten Horrorfilm und wir waren wieder draußen. Das war also das Tigernest. Leider waren Fotos verboten. Andererseits wusste ich sowieso nicht, wo mein Handy war. Dieser Ort hatte etwas Magisches an sich. Eine Antwort auf meine Fragen fand ich dort drinnen jedoch nicht.

Leicht enttäuscht und etwas süffisant merkte ich an: „Das waren jetzt die Antworten auf meine Fragen?"

Zine reagierte unbeeindruckt, als hätte er etwas in der Richtung erwartet: „Einem Blinden muss man erst das Sehen beibringen."

Ich war genervt. Gerne hätte ich einmal eine normale Unterhaltung mit Zine geführt, in der er mir offen sagte, was Sache war. Aus diesem Grund reagierte ich leicht angefressen:

„Kannst du den Scheiß mal sein lassen? Ich bin den ganzen verdammten Weg mit dir hier hochgelatscht. Meine Beine schmerzen, mir ist kalt und das Essen in dem Kloster hat mich jetzt nicht unbedingt satt gemacht. Ich weiß nicht, wieso ich so bescheuert war, mit dir zu kommen und mich in den Flieger zu setzen. Wahrscheinlich habe ich mir gedacht, mein Leben würde eine positive Wendung nehmen. Stattdessen stehe ich auf einem Berg in 3000 Meter Höhe, neben einem Kloster. Dachtest du, ich werde ein Mönch und du kannst mich bekehren oder was soll der ganze Mist hier?"

Das musste einmal gesagt werden. Eine Erleichterung überkam mich, als wollte ich es schon die ganze Zeit sagen. Gedacht hatte ich`s. Eine Spannung machte sich breit. Zines Gesicht wurde ernster. Er ging auf mich zu und blieb genau vor mir stehen.

Statt etwas zu sagen, schaute er mich einfach nur an. Er schaute mir tief in die Augen. Ich trat einen Schritt zurück, er machte einen Schritt auf mich zu. „Irgendwie bedenklich nahe" dachte ich mir. Gleichzeitig fürchtete ich mich davor, dass er mir ins Gesicht schlagen würde. Ich kannte den Weg nicht zurück und war auf den Typen angewiesen. Es war dumm von mir, genau hier einen Streit anzufangen. Langsam bereute ich, was ich gesagt hatte.

Dann sagte Zine:

„Ein Löwe des Lebens übernimmt
Verantwortung für jede seiner Taten."

„Du versuchst gerade das Gegenteil. Als hättest du nicht aus freien Stücken entschieden, dich in den Flieger zu setzen, hier hoch zu laufen und ins Kloster zu gehen. Du hättest jeder Zeit „Nein" sagen können, aber das hast du nicht. Irgendetwas in dir will das hier machen. Nur weil du jetzt anscheinend nicht das bekommen hast, was du willst, suchst du nach Entschuldigungen, wie alle Welt da draußen. Wenn etwas nicht funktioniert, dann sind's die Anderen. So läuft das aber nicht."

Er machte eine Pause und drehte sich wieder von mir weg. Während er ins Tal schaute, fuhr er fort: „Du wirst zum Spielball der Welt, wenn du die Schuld andauernd bei anderen suchst. Du gibst Macht ab. Macht, dein eigenes Leben zu gestalten, deine eigenen Entscheidungen zu treffen. Das Denken daran, dass du dein eigener Schöpfer bist, der Schöpfer deines Lebens. Egal ob gute Ereignisse oder Schlechte, es gibt dir die Macht deine eigene Freiheit zu gestalten. Im Prinzip gibst du gerade deine Freiheit an mich ab, als hätte ich über dein Leben bestimmt. Als hätte ich auch nur die Macht, dein Leben zu beeinflussen."

Ich wollte etwas sagen, doch merkte, dass er noch nicht fertig war. Er drehte sich wieder zu mir und schaute mich an:

„Ein Löwe des Lebens achtet immer den Weg. Denn das ist alles, was er hat."

Stille. Dann fuhr er fort.

„Schau: Wenn du Ziele im Leben hast, kannst du nicht den ganzen Weg ausblenden und alles nur als Zweck sehen. Den Großteil deines Lebens verbringst du damit, den Weg zu gehen. Es wäre töricht, das einfach auszublenden. Du stehst hier oben und siehst nicht, was du gerade alles erreicht hast. Du gehörst zu den wenigen Menschen auf dieser Welt, die hier oben waren. Du bist gerade einen Berg hoch, auf 3000 Meter Höhe. Du hast dich deiner Angst gestellt und deinen Körper herausgefordert. Das erste Mal seit langer Zeit hast du gelebt und das nicht erst als du hier oben warst, sondern von Anfang an. Als du dich dafür entschieden hast, ins Flugzeug zu steigen, einen Schritt ins Unbekannte zu gehen. Einem Fremden zu Vertrauen, obwohl es dir Unbehagen bereitet. Ich behaupte, du würdest dich noch einmal genau so entscheiden, wie du es die letzten Tage getan hast. Du weißt tief in deinem Herzen, dass es stimmt."

Ich wusste es in dem Moment, in dem er es sagte. Ich gehörte wirklich zu den wenigen Menschen, die jemals dieses Kloster besucht hatten. Ich hatte einen Berg bestiegen. Ich war im Bhutan. Ich hatte eine fremde Kultur kennengelernt. Das erste Mal seit langem hatte ich mehr Weg zurückgelegt als den vom Bett zum Kühlschrank. Trotz meiner Angst war ich über die Brücke gelaufen. Ich war blind. Bis mir jemand die Augen öffnete… Doch eines verstand ich zu diesem Zeitpunkt nicht. Wieso nahm er diese Strapazen auf sich, um einem Unbekannten zu helfen? Er hätte auch einfach gehen können.

„Es tut mir leid, dass ich so aus der Haut gefahren bin. Du

hast Recht, ich war blind für die Dinge. Eine Sache verstehe ich jedoch nicht: Wieso tust du das? Wieso ausgerechnet ich?"

Zine antwortete: „Möglicherweise erinnerst du mich an jemanden."

Damit war das Gespräch beendet. Ich hatte viel nachzudenken, als wir wieder zurückliefen. Die Brücke überquerte ich, ohne darüber einen Gedanken zu verlieren. Langsam wurde es dunkel. Ich bemerkte es jedoch erst spät, zu tief war ich in meinen Gedanken versunken. Als wir uns auf die ersten Treppen zubewegen, sah ich kaum die Stufen.

Ich sagte: „Zine, es ist zu dunkel, wir kommen hier niemals runter."

„Das stimmt. Wir wollen heute auch gar nicht ganz runter."

„Wo willst du denn sonst hin? Hier ist weit und breit nur Berg und Wald."

„Richtig. Im Berg können wir nicht schlafen, aber im Wald!"

Ich blieb kurz stehen. „Nein. Das kann nicht sein Ernst sein. Ich soll in der Kälte auf einem Berg im Wald schlafen?" dachte ich.

Andererseits, was sollte ich machen? Klar, ich hätte aus freien Stücken den Weg alleine nach unten suchen können, aber Zine kannte sich hier aus und es schien klüger bei ihm zu bleiben. Zudem ist allseits bekannt, dass in Horrorfilmen die schlimmen Dinge erst passieren, wenn die Gruppe sich trennt.

Zine bog nach kurzer Zeit in den Wald ab. Nach ca. 30 Minuten Fußmarsch durch das Dickicht, welches ich nur erkannte, weil Zine eine Taschenlampe dabeihatte, schienen wir angekommen zu sein.

Zine sagte: „Hier. Siehst du dort rechts den Felsvorsprung? Unter diesem Vorsprung können wir wunderbar schlafen. Da sind wir geschützt vor dem Wind und der damit einhergehenden Kälte."

Ich hatte keinen blassen Dunst vom Zelten und Überleben in der Wildnis, obwohl ich eigentlich einiges aus den Survivalsendungen im Fernsehen gelernt haben sollte. Die einzige Sache, der ich mir im Klaren war, war die Tatsache, dass ich unter keinen Umständen meinen eigenen Urin trinken würde.

In unseren Taschen befanden sich Isomatten und Schlafsäcke, was mir erst auffiel, als wir diese aus den Rucksäcken holten. Zine hatte den Umstand wohl geplant, hier oben zu nächtigen. Ich rollte meine Isomatte aus und legte meinen Schlafsack daneben.

Zine sprach: „Jim, wir brauchen ein wenig Feuer, das hält die Tiere fern. Ich gehe uns etwas Feuerholz holen."

„Tiere? Welche Tiere?" fragte ich. Ich wusste, dass Zine in diesem Moment grinste, doch ich konnte es nicht sehen.

Er antwortete nüchtern: „Nichts schlimmes, Berglöwen und so etwas. Die haben jedoch mehr Angst vor dir als du vor ihnen!"

Ich hatte Angst, denn mit einem Berglöwen war ich nicht in der Lage zu ringen. Herrgott, selbst ein Eichhörnchen hätte mich bei lebendigem Leibe auffressen können.

Zine verschwand in der Dunkelheit und mit ihm die Lichtquelle. Vereinzelt konnte man Sterne durch das Dickicht der Bäume erkennen.

Urplötzlich vernahm ich ein Knacken irgendwo aus dem Wald. Die Quelle des Geräusches war nicht zu identifizieren. In mir schoss die Angst hoch, mein ganzer Körper verspannte sich. Ich drückte mich weiter unter den Vorsprung, um eine Art Schutz zu finden. Zumindest konnte ich auf diese Weise nur frontal getötet werden. Es war beruhigend zu wissen, dass man seinem Tod zumindest Auge in Auge gegenübertreten konnte.

Ein wenig Zeit verging und ich wusste nicht, ob es mein mangelndes Zeitgefühl war oder Zine einfach schon lange unterwegs war. Doch langsam beschlich mich das Gefühl, dass er nicht zurückkommen würde. Meine Gedanken kreisten und mir fielen alle möglichen Szenarios ein. Von einem Tod durch Berglöwen bis hin zum Stolpern über einen Absatz und Tod durch Genickbruch. Hier oben hätte mich niemand gefunden, geschweige denn gesucht.

Andererseits schien dieser Mann Prüfungen zu lieben und

in dem Moment, als ich eins und eins zusammenzählte, war diese Variante die Plausibelste.

„Dieser verdammte Hurensohn!“ murmelte ich vor mich hin.

Er hatte es von Anfang an geplant. Die Schlafsäcke, die Isomatten, er kannte den Weg und die Zeit, die wir dafür brauchen würden.

Während meine Wut mich etwas wärmte, vernahm ich weitere Geräusche aus dem Wald, die ich nicht identifizieren konnte. Es war schrecklich. Mein ganzes Leben hatte ich keine solche Angst gespürt. Mein Körper verhärtete in einer Art Schockstarre und ich vergrub mich tief in meinem Schlafsack, in der Hoffnung, man würde mich dort eingerollt nicht als Beute wahrnehmen.

Ich wusste nicht, wie viel Zeit verging, doch es war mir nicht möglich zu schlafen. Die Angst hielt mich hellwach. Bei jedem Geräusch zuckten sämtliche Muskeln und ich drehte mich rein reaktiv in die Richtung, aus der ich es vermutete. Es hätte alles sein können, vom Eichhörnchen bis zum Bären. Meine Fantasie malte sich die schrecklichsten Szenarien aus, in denen ich jedes Mal aufs Neue aufgefressen wurde.

Mit der Zeit jedoch, gewöhnte ich mich in gewisser Weise an die Geräusche und fand mich mit meinem Alleinsein im Wald ab. Die Wut verflachte, da niemand da war, der sie abbekommen konnte und mir die Kraft ausging mich aufzuregen.

Als ich so über meinen möglichen Tod nachdachte, kamen Gedanken über mein Leben auf:

Was war mein Leben bis hierhin? Wie war es verlaufen? War ich glücklich? Hätte ich Dinge anders gemacht? Mein Leben war eine Farce, als ich es rückblickend betrachtete. Ich klammerte mich immer noch an eine vergangene Beziehung, die mir selbst zu ihren Lebzeiten eher Unglück als Glück einbrachte. Wahrscheinlich weil ich Angst hatte, alleine zu sein. Ich ging studieren, weil ich es nicht anders wusste. Der Job, den ich hatte, war genauso enttäuschend. Ich verdiente Geld, aber ich war nicht glücklich. Wie ich mein Leben so nachwirkend betrachtete, fiel mir auf, dass eigentlich nichts wirklich „Interessantes“ daran war. Bis auf meine Kindheit. Wir waren draußen, bis die Laternen angingen. Meine Mutter sagte mir immer: „Sobald die Laternen angehen, kommst du nach Hause.“ Wir hatten keine Handys, keine Social Media Accounts. Mit unseren Fahrrädern fuhren wir jeden einzelnen Freund ab und fragten, ob er Lust hatte, mit uns Fußball zu spielen. Es war eine sorglose Zeit und die schönste meines Lebens. Was ich in diesem Moment dafür gegeben hätte, wieder Kind zu sein.

Doch war es wirklich schon zu spät? Sollte so mein Leben verlaufen sein? Wenn ich gestorben wäre, wäre DAS mein trostloses Ende?

Ich stellte mir vor, wer alles zu meiner Beerdigung kommen würde. Ich sah meinen Vater, meine Mutter, Tanten, Onkels, Personen, die selbst gar nicht mehr lebten. Ein paar alte Schulfreunde, meine Arbeitskollegen, meine Ex-Freundin und einen Haufen fremder Menschen. Ich selbst saß auf einem Stuhl in der ersten Reihe und war Gast meiner eigenen Beerdigung.

Meine Mutter sprach die Grabrede: „Jim war ein toller Junge, der leider viel zu jung starb. Leider weiß ich nicht, wer er ist oder was er gemacht hat. Ich kannte ihn nicht mehr. Er hat sich nie bei mir gemeldet.“ Sie ging ohne eine Träne zu verdrücken.

Dann schritt meine Chefin ans Rednerpult: „Jim war immer ein demotivierter und emotionsloser Mitarbeiter. Wir haben ihn nie zu irgendwelchen Feiern eingeladen. Im Prinzip konnte ihn niemand leiden. Ich weiß gar nicht, wieso ich hier stehe, wahrscheinlich aus Ermangelung an weiteren Rednern.“

Keiner weinte. Alle standen vor meinem Grab und hörten sich diesen Scheiß an. Jedoch hatten sie Recht. Wer würde um mich trauern?

Plötzlich stieg ein älterer Herr mit schwarzem Hut an das Rednerpult. Zunächst dachte ich, es wäre mein Vater, doch es war Zine. In diesem Moment fing es an zu schneien und Zine sprach unter langsam rieselnden Schneeflocken:

„Heute ist ein trauriger Tag, liebe Familie, liebe Freunde von Jim. Doch nicht seinen Tod betrauern wir, nein! Der Tod ist ein natürlicher Prozess und er wird jeden von uns einmal einholen. Wir betrauern die Tatsache, dass hier viele Träume begraben liegen. Jim hat geträumt, er hatte Visionen, doch keine davon hat er je realisiert. Er lebte ein Leben, welches nicht seines war. Er suchte die Liebe bei anderen, nicht in sich. Den Begriff des Mutes hatte er schon lange vergessen. Was wäre, wenn er seine Träume gelebt hätte? Wenn er den Mut gehabt hätte, das Leben zu leben, wofür es sich zu leben lohnt? Dann ständen wir heute voller Ehrfurcht hier und würden uns vor seinem Leben verneigen. Er hätte uns gezeigt, wie man lebt. Er hätte die Gaben genutzt, die man ihm geschenkt hatte.

Doch das ist alles Fantasie! Denn nun stehen wir hier und bedauern die Vergeudung eines Lebens. Zum Glück liegt er hier richtig, denn wo finden wir die meisten Träume und Ideen? Auf einem Friedhof. Schaut euch diesen Ort ganz genau an. Wenn Ihr nicht anfangt zu leben, werden eure Träume hier ebenfalls begraben.

So möge dieser Tag ein Weckruf für den Rest von euch sein. Denn wer weiß, wann euer Leben endet und wie viel Zeit euch geblieben ist? Vergeudet euer Leben nicht auf die Weise, wie Jim es getan hat! Lebt eure Träume, Ihr habt nur dieses eine Leben!“

Als ich mich umsah, war niemand mehr auf meiner Beerdigung. Ich war die einzige Person. Links und rechts nur leere Stühle, in der Ferne ein Gärtner, der das Laub aufsammelte. Zine stand nicht mehr dort oben, er war ebenfalls weg und ich fing an zu weinen. Wie konnte es nur soweit kommen? Ich hatte mir früher immer ein Leben ausgemalt, in dem ich das tat, worauf ich Lust hatte.

Früher habe ich gerne Geschichten geschrieben. Ich saß alleine in meinem Zimmer und gestaltete Fantasiewelten. Zwischendurch kam mir immer wieder der Gedanke, mein Hobby zum Beruf zu machen. So hätte ich auf der ganzen

Welt herumreisen können und von überall Geschichten schreiben können. Ich hätte keinen Chef gehabt, ich hätte Spaß gehabt. Ich wäre frei gewesen. Vielleicht nicht reich, aber glücklich. Doch alle sagten mir, es wäre nicht möglich auf diese Weise zu leben. Ich bräuchte einen anständigen Job, ein sicheres Einkommen und ein strukturiertes Leben.

Wie hätte eine Beerdigung ausgesehen, wenn ich mein Leben wirklich gelebt hätte? Wenn ich wenigstens versucht hätte, meine Träume zu verwirklichen?

Plötzlich saß ich auf einer anderen Beerdigung. Ich saß an einem Ort, der aussah wie die Karibik. Ich wusste, dass es meine Beerdigung war, aber es sah so gar nicht nach einer aus.

Mit der Zeit füllte sich die „Beerdigung". Ich sah die Menschen kommen und es waren viele. Doch am meisten überrascht war ich von den drei Kindern und der Frau, die anscheinend zu mir gehörten. Ich fühlte eine Verbundenheit. Die Frau sah glücklich aus und hatte ein Leuchten in sich, wie ich es nur bei Zine gesehen hatte.

Auf einmal befand ich mich in der nächsten Szene, meine Frau stand neben einem Bild von mir und sprach ein paar Worte:

„Liebe Freunde, ich habe mir lange überlegt, was ich heute sagen soll, um Jim zu ehren, doch ihr wisst sicher, was er für ein toller Mensch war. Jim war für mich der Ehemann, den ich mir nur in meinen Träumen ausmalen konnte. Er war fürsorglich, hat mir drei wunderschöne Kinder geschenkt und mir gezeigt, dass man seine Träume leben muss. Das Gefühl geliebt zu werden, hat er mir auf eine Art und Weise gegeben, die ich nicht in Worte fassen kann. Als er im Sterben lag, verabschiedete er sich mit den Worten:

„Es war ein Segen dich gekannt zu haben und ein noch größerer an deiner Seite zu sterben. Versprich mir, dass du nicht um mich trauerst, denn ich werde immer in deinem Herzen sein. Du hast mein Leben vollkommen gemacht. Deine Liebe war die höchste Wärme, die ich je empfangen habe. Deswegen sterbe ich heute als glücklicher Mann. Versprich mir bitte noch eines: Lebe deine Träume.“

Dann verließ sie weinend die Bühne und der Traum verblasste.

9 DER NÄCHSTE MORGEN

Wie aus dem Nichts hörte ich Schritte, die sich mir näherten. Ich traute mich nicht, meinen Kopf aus dem Schlafsack heraus zu heben und zu schauen wer oder was es war. Als mir jedoch ein Blick gelang, hörte ich eine Stimme, die mir bekannt vorkam:

„Na, gut geschlafen?“ fragte Zine.

Ich fuhr aus der Haut, kämpfte mich aus dem Schlafsack und wollte Zine angreifen. Ich war sofort wieder wütend. Er hatte mich einfach alleine im Wald zurückgelassen! Meine Hand ballte ich zur Faust und nahm Schwung. Ich holte aus und war kurz davor sein Gesicht zu treffen, da wehrte Zine meinen Schlag ab und nahm mich mit einer Kombination, wie ich sie nicht für möglich gehalten hätte, in den Schwitzkasten. Nun war ich auch noch sein Gefangener. Ein alter Mann, der mich im Wald zurückließ und mir nun noch die Männlichkeit nahm. Die Demütigung war perfekt.

„Ich zähle jetzt bist drei, währenddessen beruhigst du dich und dann lasse ich dich wieder los, ok? 1…2…3…“

Zine ließ mich los und ich nahm Abstand von ihm. Er hatte es zu weit getrieben. Es gibt Grenzen und das war meine.

Ihn schien es jedoch nicht sonderlich zu beeindrucken und

er sprach: „Jim, ich kann verstehen, dass du wütend bist. Wäre ich an deiner Stelle ebenfalls.“ Er gab mir ein paar Nüsse, die er bei sich hatte. Die Nacht über hatte die Angst meinen Hunger überspielt, so dass es mir kaum aufgefallen war.

Der Gedanke an Essen ließ mich den Hunger sofort spüren. Wir schwiegen einige Zeit. Ich knabberte an meinen Nüssen und kochte immer noch innerlich vor Wut. Drecksack.

Zine begann zu reden: „Weißt du was uns Menschen in der westlichen Welt fehlt?“

Ich antwortete süffisant: „Ein beschissenes Kloster?“

Unbeirrt sprach Zine weiter: „Eine Prüfung für Männer. In fast jeder Kultur gibt es Initiationsriten, in der ein Mann zu einem Mann wird. Zum Beispiel müssen Jungen in bestimmten Stämmen einen Hai erlegen. Ist der Hai erlegt, dann ist der Junge zum Mann geworden. Ab diesem Zeitpunkt ist er für sich selbst verantwortlich. Keiner kümmert sich mehr um ihn, keiner bemuttert ihn. Wenn er etwas will, dann holt er es sich! In unserer heutigen Zeit wissen die meisten Männer jedoch nicht, wer sie sind. Wir leben in einer größtenteils sehr weiblich geprägten Welt. Die Frauen dominieren die Erziehung, Hollywoodfilme zeigen dir wie Beziehungen funktionieren und die meisten Männer sind, ehrlich gesagt, Waschlappen. Dabei wollen auch Frauen Männer, die Visionen leben. Männer, die Ziele vor Augen haben. Keine Frau möchte mit einem Mann zusammen sein, der ihr hinterherläuft und ihr den Arsch abwischt. Am Anfang mag es ganz nett sein, aber schnell verliert sie ihr Interesse. Ein Mann muss in der Lage sein, unangenehme Dinge zu tun, an seiner eigenen Grenze zu leben, damit Wachstum geschehen kann. Der Junge im Mann muss sterben. Schau dir eine Pflanze an. Was unterscheidet eine Tote von einer Lebenden?“

Ich überlegte kurz und antwortete: „Ihre Fähigkeit Sauerstoff zu erzeugen?“

Zine nickte, wollte jedoch auf etwas Anderes hinaus: „Wachstum! Eine Pflanze die lebt, wächst. Genauso lebst du als Mensch, egal ob Frau oder Mann, nur, wenn du dich im Wachstum befindest. Bewegst du dich jedoch nicht an deinen eigenen Grenzen, kann kein persönliches Wachstum stattfinden."

Ich verstand worauf er hinauswollte. Das - alleine im Wald sein - sollte eine Grenzerfahrung sein. Trotzdem hätte ich auch anders an meinen persönlichen Grenzen leben können.

Zine fuhr jedoch fort, bevor ich etwas sagen konnte: „Ich war die ganze Zeit in deiner Nähe, ohne dass du es wusstest. Der Glaube daran, dort draußen lauere Gefahr und du wärst alleine, hat es erst zu der Grenzerfahrung gemacht. Du bist an dir gewachsen. Doch viel interessanter ist das, was in dir währenddessen passiert ist!"

Leichte Verwirrung trat ein. Mir war unklar, was er meinte: „Meinst du die Angst, die ich gespürt habe?"

Er antwortete: „Nein. Die Visionen, die du dabei hattest! Wenn man in solch einer Umgebung, seiner Angst ausgesetzt, einige Zeit verharrt, passiert Wundersames. Man beginnt zu begreifen, was wirklich wichtig ist im Leben. Das nenne ich Vision. Du bekommst einen Anreiz, in welche Richtung dich dein Leben ab jetzt tragen könnte."

Es hörte sich interessant an, doch hatte ich keine Visionen, soweit ich mich erinnerte. Nur die Träume von meiner eigenen Beerdigung.

Etwas enttäuscht erwiderte ich: „Es tut mir leid, dein Experiment als Fehschlag zu bewerten, aber ich hatte keine Visionen."

Mit einem Lächeln sagte Zine: „Die hattest du bestimmt, nur bist du wieder blind. Lass mich dir helfen, deine Visionen zu entschlüsseln! Woran hast du gedacht, wovon hast du geträumt, als du hier alleine im Wald lagst?"

Ohne groß zu überlegen erzählte ich von den Träumen der zwei Beerdigungen, meiner Frau, Zine und meine Gedanken an die Zeit, in der ich Kind war.

Zine schien zu wissen, wo er suchen muss und bohrte nach: „Worüber genau hast du nachgedacht, als du dich in deine Kindheit zurückversetzt hast?"

Ich erzählte ihm die Dinge, die ich noch wusste und er schien nur von einer Sache richtig angetan zu sein, dem

Geschichtenschreiben.

Mit überzeugendem Blick sprach er: „Jim, da hast du deine Vision. Als Kind weiß man meist, was man möchte. Man findet in seiner Jugend oft die Dinge, die einem unglaublichen Spaß machen. Bei dir war es anscheinend das Geschichtenschreiben. Im Laufe deines Lebens hast du diese Vision ad acta gelegt, da es deiner Meinung nach nicht zum Geldverdienen gemacht ist. Sie schlummert jedoch in dir und wartet darauf ausgetestet zu werden!"

Ich war überrascht. Klar hatte mir das Geschichtenschreiben Spaß gemacht, doch das beruflich zu tun, schien mir etwas abwegig zu diesem Zeitpunkt: „Schön und gut, Zine, aber ich muss mit irgendwelchen Mitteln meine Miete zahlen, das kann ich jedoch nicht mit Geschichten."

Zine schien das Risiko bewusst zu sein: „Das stimmt. Es ist ein großes Risiko es auszuprobieren und alles auf eine Karte zu setzen. Eine Vision muss jedoch ausprobiert werden. Du musst ihr folgen, sonst wirst du unglücklich sein. Erst wenn du dich deiner Vision näherst, wirst du merken, ob es Sinn macht diese weiterzuverfolgen. Dabei passiert das nicht auf einer rationalen und logischen Weise, sondern tief in deinem Herzen. Deine Gefühle werden dir sagen, ob es richtig ist."

Das war also die Aussage, man solle auf sein Herz hören. Tausend Mal wahrgenommen, aber nie verstanden gehabt. Der Traum lebte in mir, das spürte ich. Ein Leben in Unabhängigkeit war schon ewig ein Teil davon, doch gleichzeitig hatte ich Angst vor der Ungewissheit. Ich würde doch niemals ein einziges Exemplar verkaufen. Wer würde sich den Mist durchlesen?

In einem Moment der Verletzlichkeit fragte ich Zine etwas, woran ich vorher nie gedacht hätte es auszusprechen: „Was ist, wenn ich scheitere und ohne Job, ohne Geld, ohne irgendwas dastehe?"

Er legte seine Hand auf meine Schulter, schaute mir tief in die Augen. Ich vernahm einen Glanz in seinen Augen, das Feuer, welches ich vom ersten Tage an in ihm sah.

Er sagte: „Was ist das Schlimmste, was dir passieren kann?

Du gehst Pleite und landest auf der Straße? Ja, und? Dann raffst du dich halt wieder auf und suchst dir einen Job, du machst weiter. In diesem Leben scheitert man erst, wenn man sich eingesteht, aufgegeben zu haben!"

„Ein Löwe des Lebens nimmt die Rückschläge hin, die ihn Tag für Tag heimsuchen, denn er weiß, dass sie ihn nur stärker machen."

Recht hatte er. Doch war ich stark genug, um dieser Welt standzuhalten und meine Träume zu leben oder würde ich aufgeben? Verängstigt fügte ich an: „Was ist, wenn ich nicht stark genug bin?"

Ein Grinsen tat sich auf seinem Gesicht auf: „Jim, du hast gerade hier auf einem Berg die Nacht überlebt. Hättest du gedacht, dass du das jemals schaffen würdest? Alleine jetzt bist du schon stärker als ¾ der Menschheit. Du kannst vielleicht nicht alles schaffen, aber das meiste! Denk nur immer daran, dass dein Leben von Sekunde zu Sekunde aufs Neue endet. Wenn du deine Visionen nicht beginnst zu jagen, dann wirst du irgendwann keine Chance mehr dazu haben."

Eine Motivation in mir tat sich auf, wie ich sie selten zuvor gespürt habe. Ich wollte loslegen, ich wollte mein Leben endlich selbst in die Hand nehmen. Es war Zeit, das Schiff auf Kurs zu bringen!

Wir packten unsere Sachen und machten uns an den Abstieg.

Wieder im Hotel angekommen, sprang ich erst einmal unter die Dusche. Wenn ich etwas vermisst hatte, dann eine heiße, erfrischende Dusche. Ich nahm meinen eigenen Körpergeruch kaum wahr, aber ich musste nach dem Auf- und Abstieg bestialisch gestunken haben.

Nach der Dusche erschlug mich die Müdigkeit. Nun machte sich bemerkbar, dass ich kaum geschlafen hatte. Im Badezimmerspiegel warf ich einen Blick auf meine Augenringe und stellte zu meinem Erstaunen fest, dass kaum welche vorhanden waren. Trotzdem fühlte ich mich erschöpft. Kurz nach der Ankunft hatten wir im Hotel etwas gegessen. Nun war ich satt, geduscht und bereit zu schlafen. Ich legte mich für kurze Zeit aufs Bett und verfiel sofort in einen Tiefschlaf.

10 DER TRAUM

Ich stand auf einem weißen Balkon, meine Arme abgelegt auf dem Geländer. Das Geländer bestand aus schwerem Stein, eine Art weißer Marmor, aber nicht so glatt. Oberkörperfrei und nur in Unterhose stand ich dort und schaute direkt auf das Meer. Die Wellen schlugen ganz langsam, Welle für Welle. Ein rhythmisches, meditatives Rauschen erfüllte mein Ohr. In meiner rechten Hand hatte ich eine Kaffeetasse und nahm einen Schluck. Ich begutachtete die Tasse „Bester Dad aller Zeiten" stand auf der einen Seite. Ich drehte die Tasse und sah

„Ein Löwe des Lebens ist dankbar für jeden Morgen, an dem die Jagd aufs Neue beginnt!".

Mein Blick fiel wieder auf das Meer. Das Haus, in dem ich mich befand, lag direkt in der Nähe des Meeres. Vor dem Haus erstreckte sich ein kleiner Garten. In dem Garten befanden sich einige groß gewachsene Palmen. Links und rechts befanden sich ebenfalls Gärten, jeder etwas anders aufgebaut. Eine Treppe hinter dem Garten führte direkt an den Sandstrand hinunter, an dem sich das Meer befand. Einige

Menschen spazierten mit ihren Kindern entlang, Jogger liefen auf und ab. Der Balkon, auf dem ich stand, musste sich in der ersten oder zweiten Etage befinden. Es war sehr ruhig an diesem Ort.

„War das hier mein Haus?“ fragte ich mich, denn im Garten fiel mir eine Schaukel auf, ein paar Spielsachen und es fühlte sich alles so heimisch an, bei den angenehm warmen Temperaturen. Es war nicht heiß, nicht stechend. Keine Hitze, die einem die Kopfhaut wegbrennt.

Das Meer war kristallklar, wunderschön blau mit einem weißen Strand. So in etwa hatte ich mir immer die Karibik vorgestellt, wenn Freunde und Bekannte davon erzählt hatten. Doch es war nicht die Karibik. Es fühlte sich nicht so an. Dafür sah alles zu groß aus. Der Strand links und rechts erstreckte sich bis zum Horizont.

Während mein Blick draußen umherwanderte, spürte ich, wie mich jemand von hinten umarmte. Es schien meine Frau zu sein. Sie küsste meine Schulter und legte ihren Kopf ab. Es fühlte sich so gut an. Diese Wärme, die sie ausstrahlte. Ihre Arme waren Zuflucht. In diesem Moment vergas ich den Strand, das Meer und das Haus. Es waren nur sie und ich.

Sie sprach zu mir: „Schon so früh auf?“.

Ich erwiderte: „Ja, ich wollte dich nicht wecken.“

Ich drehte mich zu ihr, nahm ihre beiden Hände und fragte sie: „Wie hast du geschlafen, Nala?“ und gab ihr einen Kuss auf die Stirn. Ihre Augen glänzten wie eine Mischung aus tausend Farben. Im Einfluss der Sonne sah es so aus, als würde ein Regenbogen einmal die Pupille umkreisen.

Sie lächelte und hatte dieses Feuer in sich. Auf ihren Wangen taten sich ein paar wenige Sommersprossen auf. Die Augen hatten ganz leichte Falten, während sie lächelte. Die Falten gaben mir das Gefühl, ihr Lächeln sei echt. Während dieser kurzen Stille spürte ich eine enorme Verbundenheit. Die Welt hatte aufgehört sich zu drehen. Die Vögel hörten auf zu zwitschern und das Meer hörte auf zu schlagen.

Dann sprach sie: „Im Paradies schläft es sich immer wunderbar, Simba. Hast du Hunger? Ich mache uns eben etwas zu essen."

Ich grinste und sagte: „Gerne."

Bevor sie ging, gab sie mir einen Kuss, der mein Herz berührte. Ich fühlte mich in ihrer Nähe geborgen.

Ich warf einen letzten Blick in Richtung Meer und der sich im Wasser spiegelnden Sonne, dann drehte ich mich um und ging durch das Zimmer. Rechts stand ein großes Bett aus dunklem Holz, mit weißen Bezügen und einer Art Vorhang, welcher sich links und rechts herumschlängelte.

Daneben standen Nachttische mit Bildern von uns. Ich schritt durch die Tür und befand mich in einem kleinen Flur. Links ging eine Treppe herunter, die aus demselben Stein bestand wie der Balkon. Ich bog jedoch nach rechts ab und befand mich in einem kleinen Büro mit zwei Fenstern. Vor mir stand ein Schreibtisch aus schwarzem, massivem Holz. Direkt darauf ein paar Notizbücher, Zettel und eine Schreibmaschine in goldbraun. Links im Zimmer stand ein Regal, in dem sich viele Bücher befanden. Von Krimiromanen bis hin zu Selbsthilfebüchern. Mir fiel das Buch: „Der Löwe des Lebens" sofort ins Auge.

Ich setzte mich jedoch an die Schreibmaschine, zog den Stuhl heran und legte ein Blatt Papier ein.

Dann fing ich an zu schreiben: „Ein Löwe des…"

Es klopfte an meine Tür. Das Klopfen riss mich aus dem Schlaf. „Jim, aufstehen!" rief eine Stimme, die nur von Zine sein konnte.

Ich stand mit schmerzenden Beinen auf und fühlte mich, wie vom LKW überrollt. Die Nacht hatte mehr Spuren hinterlassen als ich annahm. Meinen Körper zog ich gegen seinen Willen zur Tür und öffnete.

Zine war fertig angezogen und lachte: „Jim, hast du etwa die ganze Zeit geschlafen?"

„Wie viel Uhr haben wir denn?" fragte ich verwundert.

„Halb 1 am Mittag. Du bist gestern schon um 17 Uhr schlafen gegangen." Grinste Zine mich an.

Ich schien in eine Art Koma gefallen zu sein. Jedenfalls

hätte ich noch einmal 20 Stunden schlafen können und es wahrscheinlich auch getan, wenn es nicht geklopft hätte.

Zine sagte: „Mach‘ dich fertig. Wir müssen heute Abend noch einen Flieger bekommen.“

„Ok.“ Sprach ich, während ich ihm für die Reise danken wollte: „Zine, ich wollte dir für den Ausflug danken. Ich werde dir die Kosten zurückzahlen, sobald ich Zuhause bin.“

Zine hatte jedoch andere Pläne: „Das brauchst du nicht, ich habe schon Dinge für wesentlich sinnlosere Dinge ausgegeben. Ich glaube, wenn wir zu Hause sind, musst du dich erst einmal um andere Dinge kümmern.“

Es stimmte. Mein Leben befand sich an einem Wendepunkt und ich war fest entschlossen, etwas zu ändern. Ich musste meinen Job kündigen. Mit der mentalen Folter in diesem Hamsterrad für hirntote Zombies kam ich nicht mehr klar. Auf diese Weise wollte ich nicht sterben.

„Danke dir. Ja, das werde ich machen müssen.“ Antwortete ich mit einem unangenehmen Gefühl. Während ich meine Sachen packte, überkamen mich Zweifel. „Sollte ich es wirklich tun?“ dachte ich mir. Alle möglichen Konsequenzen fielen mir ein: „Was wird meine Mutter sagen? Was sagen meine Freunde? Wie reagiert Sarah darauf?“

Gedanken schossen mir unaufhörlich durch den Kopf und wurden mit der Zeit immer lauter. Es fühlte sich nun eher wie ein Riesenfehler an, den ich begehen wollte. Nur weil ich einen Tag auf einem Berg verbrachte, konnte sich doch nicht grundlegend alles ändern, oder?

Während wir uns auf dem Weg zurück befanden, schenkte ich der Umgebung keinen einzigen Blick. Ich war viel zu sehr in meinem Kopf und spielte sämtliche Filme und mögliche Ausgänge meines Handelns ab. Das allgemeingültige Ende war ein großes, mit Trompeten geführtes, Scheitern. Zine suchte immer wieder das Gespräch, ich speiste ihn jedoch mit einem „hmm“ oder „ja“ ab.

Spätestens als wir uns im Flieger befanden, spürte er meine Anspannung, da sie mit jedem Meter, den wir uns näher zu Hause befanden, größer wurde.

Er bohrte seinen Finger in mein Ohr und ich erschrak.

„Was soll das?“ starrte ich ihn verwirrt an.

„Immer noch in deinem Kopf?“ fragte er mich.

„Geht schlecht mit einem Finger im Ohr“ antwortete ich leicht angefressen.

„Merk dir den Move! Es lässt sich im Prinzip jedes Streitgespräch, jede Diskussion, jeder Gedankengang unterbrechen, indem du vollkommen überraschend handelst. Solltest du einmal in einen Kampf geraten, zieh dich einfach nackt aus, dein Gegenüber wird schneller wegrennen als du gucken kannst.“

Zine und ich mussten beide loslachen. Er schien ein Händchen dafür zu haben, eine Situation zu lesen. Momentan brauchte ich einfach nur jemanden, der mich aus meinen zweifelnden Gedankengängen holte. Da kam so ein Unsinn wie gelegen.

„Also im Prinzip so?“ sagte ich und zog mein Oberteil aus. Oberkörperfrei saß ich im Flugzeug und Zine schaute mich an, als stände er auf den Gleisen und ein Zug würde jeden Moment einfahren. Es schien funktioniert zu haben.

Wieder lachten wir beide los und er erwiderte mit Tränen in den Augen: „Ja, ungefähr so, aber bitte lass die Hose an!“

Unser Gelächter erfüllte das ganze Flugzeug, doch es war mir egal. Die Stewardess kam vorbei und sagte: „Entschuldigen Sie, auch wenn ich mich persönlich nicht darüber beschwere, aber einige Passagiere würden es begrüßen, wenn sie sich wieder anziehen.“

„Klar, kein Problem, mach‘ ich sofort.“ Antwortete ich und zog mein Oberteil wieder an.

Zine schaute mich an und sagte: „Du alter Hund!“

„Wie, was?“ sah ich ihn fragend an.

„Die steht auf dich. Hast du nicht ihren Blick gesehen? Konnte ihn kaum von dir lassen.“ Sprach er und klopfte mir auf die Schulter.

„Wirklich?“ fragte ich. Er nickte und zwinkerte mir zu.

„Es wird Zeit, dass du mit ihr mal einen Kaffee trinken gehst.“ Witzelte er mir zu.

Irgendwie schien das jedoch mehr ernst als Witz gewesen zu sein. Zine war Menschenkenner. Ich selbst war blind für solche Signale. Eine Frau hätte mir ein Schild unter die Nase halten können: „Bock?“ und ich hätte es nicht gesehen.

Trotzdem war es mir suspekt. „Was soll so eine tolle Frau mit mir anfangen?“ schoss mir durch meinen Verstand. Ich sprach mit Zine: „Bist du dir wirklich sicher, dass der Blick mir galt?“

Nickend erwiderte er: „Ja! 100 Prozentig! Die steht auf dich!“

Ich konnte es nicht glauben. Wieso hatte ich es dann nicht gesehen? Vielleicht wollte er mich auch einfach nur verarschen und ich hakte weiter nach: „Dann hätte ich es doch auch gesehen!“

Zine antwortete etwas entnervt: „Weißt du, wieso du es nicht siehst? Du hast deinen Fokus woanders! Kennst du folgenden Effekt: Du willst dir ein Motorrad kaufen und plötzlich siehst du überall Motorräder, an jeder Ecke. Vorher ist dir keins aufgefallen. Es kommt dir magisch vor, doch dein Hirn verändert einfach seinen Fokus. Wir sehen immer die Dinge, auf die wir unseren Fokus lenken! Du siehst nicht, dass Frauen auf dich stehen, weil du deinen Fokus eher darauf lenkst, dass sie es nicht tun.“

Das Phänomen war mir bekannt, ich hatte es sogar selbst öfter erlebt. Tatsächlich wollte ich mir früher ein Motorrad kaufen und sah genau das gleiche Modell, welches ich mir ausgesucht hatte plötzlich mehrmals am Tag. Es war wie verhext.

„Gut, ich glaube dir. Aber was jetzt? Ich kann sie doch nicht hier im Flugzeug ansprechen, überall sitzen Leute.“ Sagte ich.

Zine schien das nicht zu beeindrucken: „Und? Selbst wenn du abgewiesen wirst, was dann? Die Menschen, die hier sitzen, siehst du voraussichtlich nie wieder und das Schlimme: die Frau ebenfalls nicht. Du wirst diese eine Chance bekommen und das war‘s. Machen oder bereuen, suche es dir aus.“

Seine Worte saßen. Wir hatten im Bhutan schon einmal

darüber gesprochen und er hatte wieder Recht, natürlich. Im Prinzip war es mir klar. Ich würde die Frau sehr wahrscheinlich nie wiedersehen, genauso wie die ganzen Menschen in diesem Flugzeug. Ehe ich mich versah und weiternachdenken konnte, kam die Dame wieder vorbei und lief den Gang entlang.

Zine schien mir einen Ruck geben zu wollen und rief: „Entschuldigen Sie!"

Ich wusste sofort, was er vorhatte. Mein Herz rutschte mir in die Hose. Ich überlegte was ich sagen sollte und fing an zu zittern. Mir schossen alle möglichen Gedanken in den Kopf, doch jetzt gab es kein Zurück mehr. „Machen oder bereuen" dachte ich.

Nachdem ich Zine einen kleinen Ellenbogenstoß verpasst hatte, war die Dame auch schon da.

„Ja, bitte, wie kann ich helfen?" fragte sie.

Zine sagte kein Wort und schaute mich an, als wollte ich etwas sagen.

Nach einem langgezogenen „ehmmm." kam ein nervöses „Hi" aus mir heraus.

„Hi" antwortete sie zurück und grinste mich erwartungsvoll an. Ich hatte die Vermutung, dass ich etwas mehr sagen musste.

„Ich bin Jim" kam es aus mir heraus.

„Hi, Jim. Ich bin Marie." Antwortete sie.

Soweit so gut. Den Namen hatte ich, doch ich musste es etwas weiter voranbringen. Also sagte ich etwas stotternd: „ehhm ja, wie soll ich das sagen? Ehhh, ich finde dich wirklich süß und möchte dich auch nicht von der Arbeit abhalten, doch hast du Lust mit mir Mal einen Kaffee trinken zu gehen?"

Hatte ich es getan? Ja hatte ich! Es kam aus mir heraus, mit etwas Widerstand, aber es kam! Niemand hatte mir jedoch mitgeteilt, dass die Zeit nach der Frage, mit die längsten Sekunden sind, die ein Mensch erleben kann.

Zu meinem Erstaunen zückte sie einen Kugelschreiber und schrieb mir eine Telefonnummer auf eine Pappkarte. Auf der Karte stand Marie mit einem kleinen Herzen über dem i. Sie schenkte mir ein Lächeln und sagte: „Ja, gerne. Ich lebe in der

Nähe des Flughafens. Du auch?"

„Ja, ich komme aus der Gegend." Sagte ich.

Sie meinte, sie kenne ein gutes Café in der Stadt. Dort könnten wir ja hingehen. Vollkommen überwältigt stimmte ich zu und versprach ihr, sie anzurufen. Marie fuhr mit der Arbeit vor und schenkte mir danach jedes Mal ein Lächeln, wenn sie im Gang vorbeilief. Im Gegenzug schenkte ich ihr eins.

Zine war sichtlich stolz, legte seinen Arm um mich und sprach: „Du alter Hund, du! Sehr gut gemacht. Ich sagte doch: die steht auf dich! Musstest nur fragen."

Etwas rötlich und grinsend antwortete ich: „Danke dir, aber mir blieb ja auch nichts Anderes übrig, nachdem du mich ins kalte Wasser geworfen hast."

„Manchmal brauchen wir nur einen kleinen Stups in die richtige Richtung." Zwinkerte er mir zu.

Wie betäubt von Glück schaute ich aus dem Fenster. Mir war auf einmal heiß und eine Energie erfüllte mich, als könnte ich die ganze Welt umarmen. Ich war voller Glück und nur, weil eine Frau mir etwas auf eine Karte geschrieben hatte.

Ich fühlte mich wie ein Superheld, unbesiegbar. Alle Zweifel waren weg. Kein Gedanke fiel mehr an die Entscheidungen, die ich getroffen hatte, die Konsequenzen oder irgendetwas. Der Moment bestand nur noch aus Genuss. Am liebsten hätte ich meine Freunde angerufen und ihnen erzählt, was ein toller Typ ich war.

In meiner Fantasie fing ich an mir auszumalen, wie wir uns im Kaffee trafen, leidenschaftlich küssten, im Bett landeten und zusammen waren. Den Film spulte ich weiter, bis zu unserem Tod. Es war die perfekte Beziehung.

Zine schien dies zu missfallen und sagte: „Jim, steigere dich nicht zu sehr hinein! Das ist erst einmal nur eine Handynummer. Wenn du jetzt anfängst, in Fantasien zu verfallen und dir Filme zu drehen, die aussehen wie jede 0815 Hollywoodschnulze, dann wirst du enttäuscht. Du fängst an, Erwartungen aufzubauen, die niemand erfüllen kann. Bleib am Boden, genieß den Moment und freue dich. Darum geht's im Leben. Sobald wir anfangen, in irgendetwas Erwartungen hineinzustecken, werden wir zwangsläufig enttäuscht."

Er lag wohl richtig. Wie oft hatte ich schon Personen kennengelernt, mit denen ich mir alles Mögliche ausmalte, nur um am Ende enttäuscht zu werden?

Ein Blick in ihre Augen während sie mir beim vorrübergehen zugrinste, ließ mich jedoch wieder in Träumerei verfallen.

11 NEUE ZEITEN

In meiner Heimatstadt angekommen verließen wir den Flughafen. Wir stiegen in ein bereitstehendes Taxi ein und machten uns zunächst auf den Weg zu mir nach Hause.

Da fiel mir auf, dass ich gar nicht wusste, wo Zine wohnte, wie seine Telefonnummer war oder sonstiges. Wie sollten wir in Kontakt bleiben? Ich fragte ihn:

„Zine, wo lebst du eigentlich? Wie bleiben wir in Kontakt und wie kann ich mich jemals für diese wunderbare Reise revanchieren?"

Zine antwortete, ohne mir eine Antwort zu geben: „Wie ich sagte, das brauchst du nicht. Dich auf den richtigen Weg zu bringen, war mir Geschenk genug. Keine Sorge, ich finde dich schon. Fürs‘ erste ist es vielleicht besser, wenn du die nächste Zeit dein Leben auf die Reihe bekommst."

Ich fragte mich, wie man so viel geben konnte und so wenig nehmen wollte. Wenn ich jemandem einen Gefallen getan hatte, wollte ich immer etwas als Ausgleich für meine Mühen. Er schien jedoch wirklich nichts im Gegenzug zu verlangen, trotz der Kosten und Mühen, die er für einen Fremden auf sich genommen hatte. Ich wünschte mir, dass ich das irgendwann ebenfalls könnte.

Da fiel mir eine Geschichte ein, die ich vor Jahren mal gelesen hatte:

Eine weise Frau hatte in den Bergen einen überaus kostbaren Stein gefunden.

Am nächsten Tag traf sie einen hungrigen Wanderer. Sie öffnete ihren Rucksack, um ihr Essen mit ihm zu teilen. Dabei fiel der Blick des Wanderers auf den kostbaren Stein und bewundernd betrachtete er ihn.

Als die weise Frau sah, wie sehr der Stein dem Fremden gefiel, beschloss sie, ihn ihm zu schenken.

Der Wanderer setzte überglücklich seinen Weg fort. Er wusste, dass der Stein so wertvoll war, dass er für den Rest seines Lebens keine Geldsorgen mehr haben würde.

Aber schon wenige Tage später kehrte er zu der Frau zurück, um ihr den Stein zurückzugeben. „Ich habe nachgedacht" sagte er, „ich weiß, wie wertvoll dieser Stein ist, aber ich möchte ihn dir wieder zurückgeben, weil ich hoffe, dass du mir etwas noch viel Wertvolleres geben kannst: Was war es, das es dir erlaubte, mir diesen Stein einfach zu schenken?"

Ich fragte mich genau wie der Wanderer, was es war. Was war es, dass Zine ermöglichte, all diese Strapazen auf sich zu nehmen, um mir zu helfen, all das Geld auszugeben, ohne etwas zu verlangen. Genau wissend, dass ich darauf bei ihm keine Antwort bekommen würde, hörte ich auf darüber nachzudenken.

Bei mir zu Hause angekommen, verabschiedete ich mich von Zine. Dieser drückte mir einen Brief in die Hand. Es war ein roter Umschlag mit meinem Namen drauf. Dazu sagte er: „Bitte verspreche mir, ihn nur zu öffnen, wenn du keine andere Möglichkeit siehst."

Ich versprach es ihm und verabschiedete mich mit einer Umarmung.

„Wir werden uns wiedersehen!" Rief er mir zu, während sich das Taxi fortbewegte.

„Was wohl in dem Brief war?" fragte ich mich und wollte ihn eigentlich öffnen, doch ich konnte besonders Zine gegenüber dieses Versprechen nicht brechen. Dafür war ich ihm viel zu dankbar.

Oben in meinem Appartement angekommen, schlug mir ein übler Geruch entgegen. Ich hatte die Pizza liegen lassen, die mir Zine persönlich gebracht hatte. Nach Thunfisch und Spinat sah das Ganze nicht mehr aus.

Nachdem ich die Pizza entsorgt hatte und mein Appartement auf Vordermann brachte, entschied ich mich dafür, loszuziehen und mir eine Schreibmaschine zu besorgen. Ich wollte meine Vision leben, egal was es kostete.

Dazu musste ich erstmal überlegen, wo man eine Schreibmaschine herbekam. Heutzutage schrieb jeder auf einem Computer. Nach kurzem Brainstroming kam ich zu dem Entschluss, es einmal in den Antikläden der Stadt auszuprobieren.

So machte ich mich auf den Weg, fest entschlossen meine Vision zu leben. Ich stieg in denselben Bus, in dem mir Zine vor einigen Tagen begegnete. Dabei dachte ich daran, wie bedeutungsvoll eine einzige Begegnung sein konnte.

In der Stadt angekommen, schlang ich mich in der Nachmittagszeit durch die Menschenmengen. Um diese Jahreszeit war die Stadt voller Weihnachtshäuschen und alle Menschen in „Last Christmas"-Stimmung. Nur der Gedanke an dieses Lied ließ normalerweise Suizidgedanken in mir aufkommen, doch nicht an diesem Tag. Ich hatte ein Ziel vor Augen und nachdem das Internet mir ein paar Läden ausspuckte, musste ich nicht lange suchen.

Ein alter Antikladen, versteckt in einer Gasse, in der ich zuvor nie war und wahrscheinlich auch niemand anders, hatte einige Schreibmaschinen.

Der Ladenbesitzer war ein Senior, um die 60. Ein grauer Bart, ein kariertes Hemd und darüber eine Art dünne Weste. Die braune Cordhose zeugte von seiner antiken Ader. Er sprach mich sofort an: „Junger Mann, wie kann ich Ihnen helfen?"

Ich antwortete: „Ich suche eine funktionierende Schreibmaschine, haben sie eine?"

Der ältere Mann überlegte kurz und sagte: „Ja, wir haben

ein paar Exemplare hier hinten."

Er führte mich in die hintere Ecke des Ladens und zeigte mir ein paar Schreibmaschinen. Eine davon fiel mir sofort ins Auge. Sie schien schon ein paar Jahre auf dem Buckel zu haben, doch die goldbraunen Elemente machten etwas her. Kombiniert mit dem rustikalen, abgenutzten Holz sah sie wunderschön aus. Sie kam mir irgendwie bekannt vor.

Ich zeigte direkt auf die Schreibmaschine und fragte, was sie denn kosten würde. Der ältere Mann sah mich an und sagte: „Ein schönes Stück, nicht wahr? Ja, sie schreibt noch! Ich benutze sie eigentlich täglich. Es ist meine liebste Maschine. Ungern würde ich sie verkaufen. Wozu willst du sie denn nutzen?"

Eine leichte Enttäuschung machte sich breit, aber die anderen Schreibmaschinen würden ihren Zweck ebenfalls erfüllen. Trotzdem erwiderte ich seine Frage: „Ich würde gerne Geschichten schreiben."

„Was für Geschichten?" fragte er mich interessiert.

„Eigentlich weiß ich das noch nicht so genau." Antwortete ich unsicher.

„Wieso willst du dann schreiben, wenn du nicht genau weißt worüber?"

„Es klingt verrückt, aber ich hatte eine Vision und möchte dieser gerne folgen. Ich weiß nicht wohin es mich trägt, jedoch will ich meiner Vision eine Chance geben."

„Ich verstehe." Er nahm die Schreibmaschine, übergab sie mir und sagte: „Ich schenke sie dir. Mittlerweile bin ich 75 Jahre alt, ich habe genug erzählt. Es freut mich, dass heutzutage noch junge Leute wie du ihre Geschichten in die Welt tragen wollen. Folge deiner Vision. Sie trägt dich an Orte, von denen du nie gewagt hättest zu träumen."

Meine Sprache verschlug sich, ich wusste nicht, was diese Maschine wert war. Sie hatte auf jeden Fall einen hohen emotionalen Wert für den Mann und dieser schenkte sie mir einfach. Ich war baff. Zudem war ich schockiert. Wie konnte dieser Mann schon 75 Jahre alt sein und nicht im Ansatz danach aussehen?

Ich brachte meine Dankbarkeit zum Ausdruck und wollte ihm Geld geben, doch der Mann bestand darauf, dass ich sie als Geschenk entgegennahm. Er erklärte mir, wie sie funktionierte und zu pflegen war. Daraufhin verabschiedete ich mich und fragte nach seinem Namen.

„Mein Name ist Hugo.“ Sagte er und fügte hinzu: „Wenn du denkst, du hast deine erste Geschichte beendet, komm zu mir. Ich würde sie mir gerne einmal durchlesen.“

Das war ich ihm zumindest schuldig und willigte ein. Hugo freute sich und ich sah für einen kurzen Moment ein Leuchten in seinen Augen.

Der Weg nach Hause war geebnet von tausenden Blicken. Jeder betrachtete den Kerl, der mit einer Schreibmaschine nach Hause lief. Oder den Kerl, der vor Glück nur so strahlte. Mein Glück überstrahlte in diesem Moment alles. Diese Schreibmaschine war mehr als ich mir erhofft hatte. Sie war wunderschön und strahlte eine Magie aus. Sie gab mir die Hoffnung, meine Seele auf Papier bringen zu können. So wie ich es vorhatte, so wie meine Vision es vorsah.

Als ich zu Hause eintraf, wollte ich direkt loslegen. Schreibmaschine auf den Schreibtisch, Papier eingelegt, aufgerollt und los ging es. Ich haute in die Tasten und die Erlebnisse, die ich verarbeiten wollte, sprudelten aus mir heraus.

Mein Blick galt nur dem Papier, ich spürte keinen Hunger oder Durst. Mein Geist befand sich in einem Modus voller Konzentration, aber nicht auf anstrengende Art und Weise, wie man sie beim Lernen von etwas antrifft. Es war als würde ich schweben. Keine Anstrengung war notwendig. Die Zeit verflog und meine Finger bewegten sich wie automatisch. Ganz selten wurde ich aus der Szene gerissen, war jedoch sofort wieder da. In einer positiven Art und Weise war ich in Trance gefangen.

Nach einigen Stunden fiel ich aus dieser Trance und fühlte mich … glücklich. Es war keine Erschöpfung, sondern Befriedigung.

Normalerweise war ich nach der Arbeit erschöpft, warf mich aufs Bett und konnte einpennen. Die Arbeit ließ mich wie gerädert fühlen, doch das Schreiben, es gab mir Energie und Zufriedenheit. Gefühle der Freude machten sich breit, als ich mir den Stapel an Blättern anschaute, den ich schon getippt hatte.

Nie zuvor hatte sich etwas so gut angefühlt. Das war es also, wieso Menschen Visionen verfolgen, Träume leben. Das war das Gefühl der Erfüllung?

Leider war das angenehme Gefühl nicht lange so präsent, wie ich es mir gewünscht hätte. Ich hatte plötzlich das Verlangen, das Buch zu lesen, welches ich mir am Flughafen gekauft hatte. Zines Buch über die Weisheiten eines Löwen des Lebens.

Ich durchwühlte meine Tasche, doch ich fand… nichts. Es war nicht mehr da. Anscheinend hatte ich es verlegt, im Hotel liegen lassen oder sonst wo. Mit dem Ziel, mir ein neues zu bestellen, suchte ich im Internet nach dem Buch.

Zu meinem Erstaunen stellte ich fest, dass ich es nicht finden konnte. Unter dem Namen Zine war ebenfalls nichts zu finden, außer ein paar Vorschläge zum Fußballer Zinedine Zidane. Verwirrt, jedoch mit der Erkenntnis, dass er anscheinend nicht großartig berühmt ist, legte ich mich ins Bett.

Während ich einschlief, ging mir immer wieder durch meine Gedanken, dass man alles und jeden im Internet fand, aber Zine nicht? Und wo war das Buch?

Im Zustand des Dahindösens schlief ich langsam ein und begann zu träumen…

Wieder befand ich mich im ominösen Haus am Meer, meine Frau war dort, es war wunderschön. Dieses Mal war ich jedoch direkt im Arbeitszimmer und saß vor meiner Schreibmaschine. Es war die selbe goldbraune Schreibmaschine, die ich zurzeit besaß. Irgendetwas war ich am Tippen. Ich konnte jedoch nicht erkennen, was es war.

Rechts hinter mir stand auf einmal ein Löwe. Ich erschrak trotz der bizarren Situation nicht. Ich schrieb weiter. Der Löwe bewegte sich langsam und setzte sich rechts neben mir hin, als wäre er ein stinknormaler Haushund. Wäre er nicht so riesig gewesen und hätte diese Mähne gehabt, dann wäre er als mein Golden Retriever durchgegangen.

Ich war fertig. Ich tippte meinen letzten Satz. Es klickte und mit einem schwungvollen Druck auf die Eingabetaste konnte ich sehen, dass die letzten Worte waren: „The End."

Zu meinem Erstaunen stellte ich fest, dass der Löwe sprechen konnte. Er hatte die Stimme von Zine, die Selbe charismatische, tiefe, angenehm ruhige Stimme.

Er sprach: „Glückwunsch, Jim. Dein Meisterwerk ist fertig. Du lebst deinen Traum, doch denke nicht, dass dein Weg hier zu Ende ist. Schon bald wird dich eine neue Vision heimsuchen und es liegt an dir, sie zu erfüllen…"

Der Löwe drehte sich um und ging. Er war weg.

Auf einmal befand ich mich in einer anderen Situation. Mitten in der Stadt, in einem Café. Überall waren Menschen. Es war ein angenehmer Sommertag. In der Nähe spielten Kinder auf einem kleinen Spielplatz. Es hätte nicht idyllischer sein können.

Dort saß ich nun mit einer Frau, die mir bekannt vorkam. Es war Marie, die Stewardess. Wir unterhielten uns und es machte uns beiden Spaß. Der Tag verging und wir landeten bei mir. Wir rissen uns die Klamotten vom Leib, schmissen uns auf das Bett und wollten gerade loslegen, da sagte sie: „Wir wissen doch sowieso, dass du versagen wirst, lassen wir es direkt bleiben. Geschichtenschreiber? Dass ich nicht lache! HAHAHA!"

Schockiert und verwirrt wachte ich mitten in der Nacht auf. „Was ein Traum..." murmelte ich vor mich hin. Ich holte mir ein Glas Wasser und legte mich wieder ins Bett, in der Hoffnung, noch ein wenig Schlaf zu finden.

12 DER NÄCHSTE MORGEN

Am nächsten Morgen fühlte ich mich geschlaucht und wäre am liebsten liegen geblieben. Der Traum der letzten Nacht hatte mich nicht mehr einschlafen lassen. Leider klingelte es an der Tür und ich war gezwungen aufzustehen.

„Wer ist da?“ fragte ich über den Lautsprecher.

„Du warst doch etwa nicht bis gerade Schlafen, an solch einem schönen Tag?“ krächzte es durch den Lautsprecher zurück. Es war Zine.

Ich machte die Tür auf und Zine kam ins Zimmer. Er schaute sich um und räusperte vor sich hin: „Es wird mal Zeit, dass du es dir hier etwas angenehmer einrichtest. Keine Frau der Welt bleibt hier freiwillig länger als sie muss.“

„Ja, ich werde es mal in Angriff nehmen.“ Sagte ich.

Zine war gedanklich schon ganz woanders und zeigte auf die Schreibmaschine. Er sprach:

„Wie ich sehe hast du Hugo kennengelernt? Ein wirklich guter Mann. Hast du gewusst, dass er schon 75 ist?“

Ein wenig verwundert, dass Zine ihn kannte, antwortete ich: „Woher kennst du ihn? Ja, das hatte er mir gesagt, ich konnte es auch nicht glauben.“

Zine sagte nüchtern: „Man kennt sich.“

Typisch Zine dachte ich mir und fuhr fort: „Gibt's irgendeinen besonderen Grund, wieso du hier bist?"

„Ich wollte nur Mal nach dir sehen und schauen, wie du dich so machst."

Leicht genervt, weil ich noch von der Müdigkeit erschlagen wurde, sagte ich: „Danke, hier läuft alles. Hatte nur einen schlechten Schlaf."

„Wieso?" fragte mich Zine.

Ich erzählte ihm von dem Löwen, Marie und dem, was sie gesagt hatte.

Zine schien das für nicht großartig verrückt zu halten: „Hmm… In Träumen erleben wir oft unsere Visionen und Ziele aus dem realen Leben. Gleichzeitig verarbeiten wir auch viele Ängste, die in vielen Formen daherkommen. In deinem Falle äußert sich deine Versagensangst in Form von Marie, die dir sagt, dass du es niemals schaffen wirst."

Zine schien mir ein kleiner Küchenpsychologe zu sein. Den Begriff hatte ein Freund von mir geprägt, der Psychologie studierte. Damit bezeichnete er jeden, der in seiner Freizeit gerne Menschen analysierte.

Ich hätte es trotzdem auf eine ähnliche Art interpretiert und stimmte Zine zu. Im Augenwinkel nahm ich mein Handy wahr, welches ich im Bhutan noch gesucht hatte. Es lag anscheinend die ganze Zeit über neben dem Bett. In Eile hatte ich es hier liegen lassen.

Nachdem ich Zine kurz um einen Augenblick gebeten habe, mein Handy zu checken, steckte ich es in die Steckdose und schaute kurz nach, ob es Neues gab.

Sarah hatte mich ein paar Mal angerufen und einige Nachrichten von meinen Jungs, die sich wunderten, dass ich tagelang nicht geantwortet hatte. Trotzdem nichts Weltbewegendes. Es hatte sich in den Tagen, in denen ich weg war, nichts geändert. Wie sollte es auch?

Da fiel mir auf, dass ich es bald angehen musste. Ich wollte meinen Job kündigen. Wie sollte ich das jedoch Sarah beibringen?

Auf dem Bett hinter mir nahm ich eben Platz und fing an

zu überlegen. Zine schmiss sich ebenfalls drauf, starrte die Decke an und sagte: „Du weißt genau, was du tun musst."

Ich starrte weiter auf mein Handy und erwiderte: „Ja… Ich gehe es direkt Montag an."

Zu meiner Überraschung richtete sich Zine auf und schaute mich an: „Nein, nicht Montag! Heute! Deine Entscheidung steht, hör auf sie aufzuschieben. Das lässt nur Raum für Zweifel und vergiftet deine Gedanken, bis du es am Montag verkündest."

Wahrscheinlich lag er wie so oft richtig, doch ich wollte es nicht tun. Es fühlte sich scheiße an. Ich hatte keine Lust ihr ins Gesicht zu sehen und ihr meine Kündigung in die Hand zu drücken. Ich wollte es zwar machen, doch irgendwie wollte ich es auch nicht. Das Unangenehme fühlte sich eben nicht besonderes einladend an.

„Ich schick ihr sofort ein Fax."

„Das machen nur Feiglinge" sprach Zine. Mach es anständig. „Gehe da rein, drück ihr die Kündigung in die Hand und erläutere ihr deine Gründe. Entweder versteht sie es oder eben nicht. Das kann dir egal sein, da du es sauber beendet und dich der Situation gestellt hast."

Hätte ich nun ein Fax geschickt, stände ich vor Zine wie ein Feigling dar. Ich nahm meinen Mut zusammen, setzte mich an den PC und suchte mir eine Vorlage im Internet heraus. Änderte sie soweit wie nötig ab und druckte sie aus.

„Auf geht's!" sprach Zine und mit Widerwillen griff ich meine Jacke und folgte ihm. Wir fuhren mit dem Bus, in dem ich Zine das erste Mal traf, zu meinem Büro.

„Ich warte unten." Sagte er und ich ging hoch. Ich zog meine Karte durch das Drehkreuz und bewegte mich zum Aufzug. Die Fahrstuhltüren öffneten sich und ich fuhr hoch. Oben angekommen bewegte ich mich langsamen Schrittes in meinen Korridor. Von weitem hörte ich eine krächzende Stimme, die nur zu Sarah gehören konnte.

„Also gut" dachte ich mir und klopfte an die Tür.

Sarah war mit ihrem Lakaien Ingrid wieder am Kaffee trinken. Sie sah mich und sagte verwundert: „Jim, ich habe dich mehrmals angerufen. Du kannst nicht einfach wegbleiben, hier ist Arbeit zu erledigen, auch wenn dein Großvater verstorben ist! Wir alle hier mussten wegen dir Überstunden schieben. Das ist …"

Ich unterbrach sie: „Hör zu Sarah, mich interessiert deine Standpauke nicht. Hier ist meine Kündigung. Ich habe in dem ganzen Jahr noch genug Urlaub, so dass meine Kündigungsfrist damit abgedeckt ist. Unterschreib das bitte und ich geh mir eine Kopie machen, dann bin ich wieder weg."

Vollkommen entsetzt starrte Sarah mich an. Nicht wegen der Kündigung, sondern wegen der Tatsache, dass niemand ihrer Meinung nach so mit ihr reden durfte.

Wütend fing sie an: „Was denkst du eigentlich, wer du bist?! Du nimmst dir das Recht raus so mit mir zu reden?! Ich genehmige dir deinen Urlaub nicht! Was willst du jetzt tun?"

Irgendwie wusste ich, dass so etwas kommt. Ich hatte es nicht anders erwartet.

Ganz nüchtern antwortete ich: „Es ist mir scheiß egal, ich habe dir die Kündigung überreicht und damit ist meine Pflicht erfüllt. Begreifst du nicht, dass dich jeder hier hasst? Du machst das Leben der Menschen zur Qual. Keiner arbeitet gerne hier, jeder geht dir aus dem Weg, außer Ingrid. Ihr Kopf hängt so tief in deinem Arsch, dass du ein Seil an ihre Füße binden musst, um sie wieder herauszuziehen."

Beide standen fassungslos vor mir. Keiner wagte sich etwas zu sagen. Ich fühlte mich großartig. Endlich hatte ich den Mut gefasst, ihr meine Meinung ins Gesicht zu sagen. Jeder hatte es mitbekommen. Nachdem sie lauter geworden war, hatten sich langsam aber sicher die anderen Mitarbeiter Drumherum versammelt.

Nun stand Sarah dort. Ich hielt ihr meine Kündigung in der Hand, und unter den Blicken von allen anderen unterschrieb sie das Papier. Flüsterleise sprach sie zu mir: „Ich will dich hier nie wiedersehen, du kannst deinen scheiß Urlaub haben."

Mit einem zufriedenen Grinsen antwortete ich: „Danke und keine Sorge, du wirst mich nie wiedersehen."

Nachdem ich mir eine Kopie anfertigte, ihr das Original

daließ, machte ich mich auf den Weg. Dazu musste ich wieder an der Kaffeeküche vorbei und sah, dass mehrere Mitarbeiter meinen Mut gesehen hatten und sich selbst ein Herz fassten.

Ich hörte im Vorbeigehen Dinge wie: „Es muss sich etwas ändern." und „So kann es nicht weitergehen.". Meine Taten hatten sie anscheinend dazu inspiriert. Irgendwie hat mich dies noch besser fühlen lassen, da ich möglicherweise das Leben meiner Kollegen positiv verändert hatte. Aber wer wusste schon für wie lang?

Ich verließ das Gebäude, ich hatte es getan: Meinen Job gekündigt! Ich fühlte mich draußen so befreit, dass ich einfach anfing, meine Fäuste zu ballen und einen Jubelschrei von mir gab, als hätte ich ein entscheidendes Final-Tor geschossen. Der ganze Frust der letzten Jahre fiel auf einmal von mir ab.

Leute schauten mich komisch an, aber es war mir egal. Niemand konnte mich aufhalten. Ich fühlte mich unbesiegbar.

13 OHNE JOB

Da stand ich nun: Ohne Job und trotzdem voller Freude. Eigentlich wusste ich nicht, wo mein Leben hingehen sollte. Ich hätte theoretischer unglücklicher sein können als je zuvor, doch die neuen Möglichkeiten gaben mir das Gefühl größter Freiheit. Ich hörte die Vögel zwitschern, die Autos vorbeifahren, ich vernahm die Sonnenstrahlen, das Lächeln der Menschen. Es war, als würde das Universum mir zeigen wollen, dass es hinter mir stand. Unsicherheit war in diesem Moment nichts mehr Negatives für mich, es war Freiheit, es war Leben.

Zine stand von einer Parkbank auf, stellte sich neben mich und klopfte mir auf die Schulter: „Sehr gut, mein Junge. Das war der erste Schritt in ein Leben, indem du das Ruder in der Hand hältst und kein anderer."

Das was Zine mir sagte, entsprach genau meinen Gefühlen. Ich war ab jetzt Kapitän meines eigenen Schiffes. Die Probleme die mir in den Weg kamen, waren meine Probleme. Die Siege die ich errang, waren meine Siege. Es gab nur noch eine Person, die ich für Sieg oder Niederlage verantwortlich machen konnte und diese Person war ich. Mein Ziel war klar, ich wollte Schriftsteller werden.

Zine sah das erste Mal das Strahlen in meinen Augen, die Leidenschaft, das Feuer, welches ich an ihm so verehrte: „Du hast dein Segel gefunden, Jim. Die meisten Menschen irren in einem Boot ohne Segel irgendwo auf dem Ozean umher, da kann der Wind noch so stark sein. Sie haben nicht in der eigenen Hand, wo es hingeht. Du hingegen, du kannst den Wind ab jetzt nutzen. Dein Ziel ist klar. Wie auf einem Kompass weißt du, wo es langgehen soll. Nun stelle dir die Frage, wie erreiche ich meinen Traum? Was muss ich dafür tun?"

Ich blickte ihn an und verstand. Nur tatenlos herumsitzen würde mich meinem Ziel nicht näherbringen, ich musste den Wind nutzen, ich musste mein Segel hissen. Nach kurzer Überlegung antwortete ich: „Da ich Geschichten schreiben will, sollte ich mir klar darüber werden, was ich schreiben will. Möglicherweise auch noch, wie viel ich schreiben will, wann ich fertig sein will …"

Über Ziele setzen wusste ich viel. In unzähligen Erfolgsbüchern hatte ich davon gelesen, auf der Arbeit angewendet, aber nie für voll genommen. Erst zu diesem Zeitpunkt wurde mir das Ausmaß eines Zieles bewusst.

Zine schaute den Baum links neben uns an und lauschte ein paar Vögeln. Er hielt für einen Augenblick inne und dann sagte er: „Es gibt eine viel wichtigere Frage. Wie weit bist du bereit zu gehen?"

Ich stutzte kurz. Wie weit war ich bereit zu gehen? Über Leichen? Niemals. Ich wusste nicht, was ich sagen sollte, doch antwortete: „Ich würde alles dafür tun."

Zine drehte sich zu mir, schaute mir in die Augen und sagte: „Wirklich alles? Lass mich dir eine Geschichte erzählen, die leider oft etwas falsch verstanden wird:

Eines Tages kam ein junger Mann zu Sokrates, der für seine Weisheit bekannt war, und fragte:

"Was ist das Geheimnis für Erfolg im Leben?"

Sokrates antwortete:

"Komm morgen Früh zum Fluß."

So geschah es. Am nächsten Morgen standen sie am Ufer und Sokrates sagte:

"Jetzt steigen wir gemeinsam ins Wasser."

Der junge Mann folgte Sokrates bereitwillig. Als beide bis zum Hals im Wasser standen, packte Sokrates plötzlich den jungen Mann und drückte dessen Kopf unter Wasser. Der Mann wehrte sich verzweifelt, aber Sokrates ließ ihn nicht los. Lange drückte er ihn unter Wasser. Als er endlich seinen Griff lockerte, prustete und hechelte der junge Mann völlig außer sich.

Sokrates fragte: "Als du unter Wasser warst, was wolltest du am meisten?"

"Luft natürlich!", rief der junge Mann.

"Siehst, du", sagte Sokrates, "das ist das Geheimnis des Erfolgs. Wenn Du Erfolg so sehr willst, wie du unter Wasser Luft wolltest, dann wirst du auch Erfolg haben."

Zine schaute mich an und erwartete eine Antwort. Ich verstand die Geschichte. Es ging darum, Erfolg über alles zu wollen. Was gab es daran nicht zu verstehen. Gehört hatte ich sie auch schon einmal, also sagte ich: „Ja klar verstehe ich das. Ich will den Erfolg. Ich will über alles meine Vision erfüllen!"

Ungläubig schaute Zine mich an. „Du verstehst das Ausmaß nicht, die wenigsten tun das. Die Menschen glauben, sie müssten auf Schlaf verzichten, jeden Tag rackern wie ein Minenarbeiter und dann würde es klappen. Sicher, es bringt dich deinem Ziel näher, aber auf diese Weise wirst du ausbrennen, bevor du dein Ziel erreichst. Versteh mich nicht falsch, du wirst hart arbeiten müssen, doch ist dein Weg kein Sprint, sondern ein Marathon. Den Erfolg zu wollen bedeutet täglich Opfer zu bringen über lange Zeit. Deine Freunde, deine Familie, spaßige Dinge hintenanzustellen und immer den Weg in Richtung deines Zieles zu wählen, erst danach das Vergnügen. Deine oberste Priorität muss dein Ziel sein. Menschen werden sich gegen dich wenden. Ja, manchmal glaubst du, die ganze Welt würde sich gegen dich wenden! Aber genau in diesen Momenten zeigt sich, wie sehr du es willst. Es sind die Prüfungen, die wir auf dem Weg zum persönlichen Erfolg, was es auch immer sei, nehmen müssen. Einen Löwen des Lebens kann nichts aufhalten. Die ganzen Schafe dort draußen geben schon bei den ersten Prüfungen auf. Umso mehr tut es mir im Herzen weh, wenn ich sehe wie Menschen kurz vor dem Ziel aufgeben. An diesem Punkt geben sie ein Stück von sich selbst auf, ihre eigenen Träume."

Ich hatte es wirklich falsch verstanden. Für mich war es immer ein Sprint, doch irgendwann war die Motivation weg und ich hörte auf, meine Ziele zu verfolgen. Das war das Schwere an einem großen Traum. Auch nach langer Zeit noch morgens aufzustehen und sich aufzuraffen. Doch wie würde es erst sein, wenn sich die ganze Welt gegen mich wendet? Wie würde es sein, wenn meine Freunde nicht hinter mir stehen?

Eine Frage schwirrte mir jedoch noch durch den Kopf: „Wie schaffe ich es, dass ich auch nach Jahren noch an meinem Ziel dranbleibe? Ich werde doch niemals Jahre durchhalten, Zine!"

Zine überlegte kurz, bevor er antwortete: „Es klingt etwas paradox, was ich dir jetzt mitgeben werde, aber genau das ist das Leben: Ein riesengroßes Paradoxon. Es ist nicht immer alles logisch, find' dich einfach damit ab. Kennst du die chinesische Mauer?"

„Ja" antwortete ich ganz selbstverständlich. Wer kannte sie denn nicht?

„Gut." Sagte Zine, „Niemand weiß genau, wie lange diese Mauer gebaut wurde. Manche Schätzungen liegen bei über tausend Jahren, trotzdem hat man nie aufgegeben. Man baute Tag für Tag, Stein für Stein und dachte nie daran, dass es noch ewig dauern würde. Nur auf diese Weise konnte man Außergewöhnliches erreichen. Auch wenn du dich jeden Tag daran erinnern musst, wo es hingehen soll, darfst du nicht zu sehr an das Ziel denken. Mache es dir zur Aufgabe jeden Tag deine Steine sorgfältig zu legen und irgendwann schaust du auf und deine Mauer ist fertig. Wenn du jeden Tag daran denken würdest, wieviel Arbeit noch vor dir liegt, würdest du schneller aufgeben als du denken kannst!"

„Ein Löwe des Lebens legt jeden einzelnen Stein sorgfältig und schaut eines Tages auf die fertige Mauer.“

Es klang sinnvoll, aber zu diesem Zeitpunkt waren mir die Ausmaße seiner Worte noch nicht bewusst. Ich nahm es an und nickte. Trotzdem dachte ich darüber nach, dass es unmöglich wäre, jahrelang für mein Ziel zu arbeiten. Ich wäre vorher pleite. Langsam wandelten sich meine Gedanken der Freiheit in beängstigende Zukunftsvisionen. Was hatte ich nur getan? Ich hatte meinen Job gekündigt und keinerlei Sicherheit mehr.

Es war an der Zeit, meine Freunde zu informieren. Ich schrieb ihnen, dass sie am Abend in die Bar kommen sollen, ich hätte etwas Wichtiges mitzuteilen.

Am Abend trafen wir uns alle in der Bar, in der wir auch an meinem Geburtstag saßen. Wir waren öfter dort. Wenn wir ausgingen, dann dorthin. Irgendwie war es zwar immer das Gleiche, aber es hatte sich ein gewisser Wohlfühlfaktor eingestellt. Wir kannten das Personal, die Getränke und das Essen. Wir wussten, dass es gut war.

Wir quatschten zunächst ein wenig, bis alle anwesend waren. Fragen kamen auf. Wo ich denn war und was denn die besagte Neuigkeit ist.

„Jungs, es sind in den letzten Tagen verrückte Dinge passiert. Ich habe eine Person getroffen, die mein Leben verändert hat. Als ihr mir geschrieben hattet, war ich im Bhutan und bin einen Berg bestiegen. Dort habe ich ein Kloster besucht, das Tigernest und heute habe ich endlich meinen Job gekündigt.“

Die Jungs starrten mich etwas ungläubig an und wussten nicht genau, was sie sagen sollten. Henry fragte mich dann: „Wo arbeitest du denn jetzt? Wer hat dich abgeworben?“

Ich antwortete: „Ich wurde nicht abgeworben. Ab heute

arbeite ich für mich selber. Ich werde Geschichten schreiben."

Noch ein wenig verdutzter schauten mich alle an und es herrschte ein Moment, in dem keiner von ihnen wusste, wie sie das bewerten sollten. War ich komplett verrückt? Das hatte ich teilweise selbst von mir gedacht.

Alle saßen still dort.

Ihnen ins Gesicht schauend sagte ich mit lauter Stimme: „Und?! Was sagt ihr?"

Henry antwortete: „Ich kann dich verstehen. Niemand arbeitet gerne, aber denkst du, das ist die Lösung? Meinst du nicht, du gehst es etwas zu überhastet an?"

Natürlich verstand ich Henrys Denkweise, doch ich sah die Sache mittlerweile anders: „Henry! Das ist es! Soll dein Leben aus Arbeit bestehen, die du nicht gerne machst oder willst du lieber etwas finden, was dir Spaß macht? Ich habe einfach keine Lust mehr! Ich bin 30 und hasse mein Leben. Es wird Zeit etwas zu ändern. Als ob ihr zufrieden seid! Jeden Tag beschwert ihr euch über eure Chefs, die Überstunden, den Scheiß-Job, den Stress zu Hause und was weiß ich! Stellt euch doch mal vor, ihr sterbt morgen. Soll dass alles gewesen sein!?"

Wortlos saßen alle vor mir. Sie schienen überrascht zu sein von meiner Energie, von der Leidenschaft, mit der ich sie versuchte zu motivieren. Aber wieso tat ich das? Ich fühlte mich verpflichtet. Sie waren meine besten Freunde und sollten nicht ihr Leben wegwerfen. Sie hatten nicht das Glück, Zine zu kennen. Doch keiner konnte die Neuigkeit so richtig annehmen. Ich machte mich wieder auf den Weg, ohne ein weiteres Wort zu sagen.

Den Laden verlassend wurde mir zum ersten Mal klar, wie ich gelebt haben muss. Ich sah diese Leute und es stimmte mich traurig. Wir hingen jedes Mal in derselben Bar, tranken dieselben Getränke und quatschen über dasselbe Zeug. Vermutlich würde ich auch in 20 Jahren noch dort sitzen, hätte ich Zine nicht getroffen.

Ich hoffte nur inbrünstig, dass ich einen von ihnen wachrütteln konnte, endlich ihr Leben zu leben. Irgendwie wollte ich es auch aus egoistischen Gründen. Die Träume mit meinen Freunden zu leben, wäre ein viel größerer Spaß. Geteilte Freuden waren mir mehr wert.

Aber so sollte es zu diesem Zeitpunkt nicht sein. Ich machte mich auf den Weg nach Hause und Zine stand plötzlich neben mir. Leicht verwundert fragte ich: „Was machst du hier?"

Er fragte mich nur zurück: „Und wie haben sie es aufgenommen?"

„Eher nicht gut." antwortete ich.

Die Laternen erleuchteten den Weg, als ich mich dazu entschied, nach Hause zu laufen. Es war ein 20-minütiger Fußmarsch, aber irgendwie musste ich den Kopf frei kriegen.

„Wie du sagtest, ich stehe alleine da. Es fühlt sich an, als hätte ich keine Freunde mehr." Sprach ich zu Zine.

„Ein Löwe des Lebens weiß, dass er alleine jagen muss."

Antwortete er.

„Außerdem hast du sie nicht verloren. Glaube mir, so eine Veränderung bedeutet für deine Mitmenschen eines: Angst. Sie wissen nicht, was sie machen sollen. Du zerstörst ihren geschützten Bereich. Es sind Schafe. Herdentiere. In der Herde fühlen sie sich sicher. Manchmal bricht jedoch ein Löwe aus der Masse hervor und beginnt sein eigenes Leben zu leben. Kennst du die Geschichte vom Schafslöwen?"

„Nein" Sagte ich, da fuhr Zine schon fort:

„Es war einmal eine Löwin mit einem neugeborenen Löwenjungen. Sie war hungrig und näherte sich einer Schafsherde in der Hoffnung auf ein gutes Abendessen. Aber ein Jäger hatte dort gelauert, zielte auf sie und erschoss sie.

Das hilflose, verwirrte, schutzlose Löwenbaby erweckte das Mitleid einer Schafsmutter, die soeben ihr Schafjunges durch eine Fehlgeburt verloren hatte. So nahm die Schafsmutter das Löwenbaby als ihr Junges an und es wuchs in der Schafherde auf. Es lernte zu essen wie ein Schaf, zu blöken wie ein Schaf, wegzurennen, wenn Gefahr drohte – kurzum, es wuchs heran und wurde sozialisiert wie ein Schaf – ja sogar wie ein minderwertiges Schaf, denn die anderen, die wohl bemerkten, dass es anders war als sie, spielten ihm oft Streiche oder hänselten es. So war das Löwenjunge ein unglückliches, schüchternes Schaf geworden.

Eines Abends kam der König der Tiere, der Berglöwe, aus den Bergen herunter. Als die Schafe ihn witterten, blökten sie alle in panischer Angst und stoben in wilder Flucht davon. Der Berglöwe sprang mitten unter sie und richtete dadurch noch größeres Entsetzen an. Aber er interessierte sich überhaupt nicht für die Schafe, die die beste Beute für ihn gewesen wären. Das einzige, was ihn interessierte, war der Schafslöwe. Er holte ihn bald ein, packte ihn am Nackenfell und schüttelte ihn ein paar Mal. Der Schafslöwe war gelähmt vor Angst.

„Was machst Du hier", knurrte ihn der Berglöwe scharf an. „Mäh, mäh, mäh, ich bin nur ein kleines, schwaches, junges Schaf, bitte tue mir nichts, sondern lass' mich zu meiner Mutter. Mäh, mäh, mäh." „Was redest Du da für einen Unsinn? Wo ist denn deine Mutter?" „Da vorne läuft sie, mit der Herde. Mäh, mäh, mäh, bitte lass mich los und tu' mir nichts."

„Was suchst Du hier unter den Schafen? Du, der Sohn des Königs der Tiere?"

„Mäh, mäh, mäh, ich habe Angst." „Hör' auf zu blöken wie ein Schaf. Du bist kein Schaf, Du bist ein Löwe wie ich." „Nein, nein, ich bin ein armes kleines Schaf, bitte lass' mich jetzt los, damit ich wieder zu meiner Mutter kann."

„Hör' endlich mit dem Unsinn auf. Du bist ein Löwe!" „Ja, ja, das mag schon sein, aber bitte lass' mich jetzt zu meiner Mutter. Mäh, mäh, mäh."

Da packte der Löwe den Schafslöwen erneut am Schlafittchen, trug ihn zu einem kleinen See in der Nähe und hielt ihn über das Wasser. „Was siehst Du da?" „Ich sehe überhaupt nichts. Mäh, mäh, mäh." „Mach' gefälligst Deine Augen auf!" „Ich kann immer noch nichts sehen" „Schnauf' nicht so unruhig, das gibt zu viele Wellen, da kannst du nichts sehen. Drei bis vier Sekunden tief in den Bauch einatmen, drei bis vier Sekunden ausatmen..." „Gut. Was siehst Du?" „Ich ..., ich sehe dich doppelt!" Bewege mal deinen Kopf nach links und rechts. Noch mal. Was siehst Du?" „Ein Bild bewegt sich, das andere nicht!" „Also?"

Der junge Schafslöwe schaute den großen Berglöwen an, dann schaute er wieder ins Wasser. Dann bewegte er sich wieder etwas, legte den Kopf zur Seite, hob die Pfote, schaute wieder den Berglöwen an, sah jetzt auch, dass das andere Spiegelbild im Wasser größer war als seines. Und allmählich, obwohl er es anfänglich kaum glauben konnte, erkannte der kleine bisher so ängstliche und schüchterne Schafslöwe, der von den Schafen herumgestoßen worden war: „Ich bin ein Löwe. Ich bin frei. Ich bin stark." Und fortan blökte er nie mehr wie ein Schaf, sondern brüllte wie ein Löwe.

Verstehst du die Geschichte?" schaute er mich fragend an.

„Ja, in uns allen steckt ein Löwe." Antwortete ich. „In gewisser Weise, ja! Wir alle sind Schafslöwen. Wir alle sind etwas, was wir eigentlich nicht sind."

„Etwas sein ohne es wirklich zu sein? Klingt unlogisch." Sagte ich verwirrt.

„Ich weiß, aber du warst beispielsweise so etwas wie ein Buchhalter. Du hast dich damit identifiziert, obwohl du es tief im Inneren nie warst."

„In Ordnung, ich verstehe. Wir identifizieren uns mit Dingen, die wir irgendwann Mal als wahr anerkannt haben."

„Richtig, aber da ist noch etwas. In jedem von uns steckt dieser Löwe. In jedem von uns steckt Furchtlosigkeit, Mut, Stärke und vieles mehr. Die Kraft, die uns lange und schwere Reisen überstehen lässt."

„Ein Löwe des Lebens weiß, dass die Jagd jeden Tag aufs Neue beginnt."

„Dafür brauchst du die Willenskraft und die steckt in jedem von uns."

Sagte Zine und selbst in der Dunkelheit sah man das Leuchten in seinen Augen. Kurzzeitig schaute ich ihn rechts neben mir an und sein Gesicht wurde verdunkelt von einer Laterne, die ihn seitlich anstrahlte. Es sah so aus, als würde ein Löwe Richtung Mond schauen, fast schon majestätisch. Ich wusste nicht viel über ihn, aber hatte immer stärker das Verlangen, so zu sein, wie er es war.

„Es sagt sich alles so einfach, Zine…" murmelte ich vor mich hin, während wir uns im Mondschein in Richtung

Zuhause begaben.

14 NERVÖSE TELEFONATE

Der nächste Morgen begann etwas schwerfällig. Nachdem ich mich von Zine verabschiedet hatte, warf ich mich vor die Glotze und schlief dort ein. Den Morgen begann ich am Tiefpunkt meiner Motivation. Andauernd schwirrte mir durch den Kopf, dass ich meinen Job gekündigt hatte, meinen Freunden vor den Kopf stieß und im Endeffekt nichts und niemanden mehr an meiner Seite hatte.

Plötzlich fiel mir meine Tasche ins Auge und mir fiel ein, dass sich die Handynummer der süßen Stewardess in meinem Besitz befand. Ich sprang auf und kramte die Karte hervor.

Meine Gedanken fingen an sich zu überschlagen. Sollte ich sie anrufen? Ihr nur eine Nachricht hinterlassen? Ist sie vielleicht am arbeiten? Hat sie mir eine falsche Nummer gegeben, um mich einfach nur abzuwimmeln?

Als das Gedankenspiel so weiterging schlug ich mir irgendwann beide Hände vors Gesicht und flüsterte vor mich hin: „Scheiß drauf!".

Wählte die Nummer und drückte auf „anrufen". Es klingelte. Da war mir klar, die Nummer war echt. Leider wusste ich so gar nicht, was ich sagen sollte. Hätte ich mir das nur vorher überlegt.

„Hallo, mit wem spreche ich?“ sprach die Stimme aus dem Telefon.

„hamidnz..“ nuschelte ich irgendwie peinlich berührt.

„Bitte? Ich habe sie nicht verstanden.“

Nachdem ich meine Eier wiedergefunden hatte, fing ich an: „Tut mir leid, eine etwas schlechtere Verbindung hier. Jim hier, dem Kerl dem du deine Nummer im Flugzeug aufgedrängt hast.“

„Waaaas? Ich habe dir die doch nicht aufgedrängt. Du warst doch nur hin und weg von mir!“ witzelte sie zurück.

„Ich war nur so hin und weg von dir, weil ich endlich jemanden gefunden hatte, der weiß wie man mir Kaffee ans Bett bringt.“ Der innere Casanova kam zum Vorschein.

Ein lautes Lachen drang durch das Telefon und wir witzelten noch eine Weile rum. Wir schienen auf einer Wellenlänge zu sein und so beschlossen wir uns noch am selben Tag in einem Café in der Stadt zu treffen.

Meine Begeisterung war riesig. Es war lange her, dass ich ein Date mit einer Frau hatte, dazu noch mit einer so wunderschönen. Meistens entstanden die Begegnungen und Dates, die ich in meinem Leben hatte aus dem Freundeskreis.

Man kennt sich, man spricht miteinander und irgendwie kommt man dann zusammen. Der Lauf einer jeden Alltagsbeziehung.

Das mag auch einer der Gründe sein, wieso viele so unglücklich waren. Sie nahmen sich praktisch den erstbesten den sie fanden, so hatte ich es zumindest getan. Ich wollte unbedingt eine Freundin, ich hatte keine Lust mehr alleine zu sein. Obwohl ich wusste, dass wir gar nicht wirklich zusammenpassten und ich andere Vorstellungen von meiner Traumfrau hatte, blieb ich mit ihr zusammen.

Wahrscheinlich fehlte uns einfach die Erfahrung, selbst für uns zu entscheiden, welche Person am besten zu uns passte. Die Scheidungsraten explodierten und das sicherlich nicht ohne Grund. Dieses Mal hatte ich mir vorgenommen die Frau kennenzulernen und meine Entscheidung zu treffen, ob diese Person für mich geeignet ist oder nicht.

Das Date war in einigen Stunden. Nervös auf und ab flitzend ging ich duschen, machte mich fertig, probierte meine besten Kleidungsstücke aus und verwarf die Ideen wieder. Wieso machte ich mir eigentlich so einen Kopf? Die Frau war begeistert von mir. Soviel konnte ich doch gar nicht falsch machen.

Als wäre meine Nervosität nicht genug, klopfte es an der Tür. Zine stand einen Bagel kauend vor meiner Tür und fragte: „Haste dir endlich eine neue Garderobe zugelegt?"

„Ne, nur hab' gleich ein Date, muss das Beste heraussuchen."

„Wieso brauchst du heute deine beste Kleidung und an ‚normalen' Tagen nicht?"

„Keine Ahnung. Bin wohl einfach zu faul, mich jeden Tag schick zu kleiden."

„Weißt du, ich leg nicht viel Wert auf Äußerlichkeiten oder Materielles. Nur, so wie du dich kleidest, strahlst du eine Message in die Welt heraus und ich finde jeder Tag hat es verdient, dass du ihm dein bestes Ich bietest. Dazu gehört auch die Kleidung."

„Mag sein" murmelte ich vor mich hin. Meine Nervosität war zu hoch, um mich mit Zines Lebensweisheiten zu beschäftigen. Ich konnte kaum einen klaren Gedanken fassen.

Zine sah mir meine Nervosität deutlich an, wie ich andauernd auf und ab lief, immer wieder vor dem Spiegel stand, wieder ins Bad lief…

Er sagte: „Wieso so nervös?"

„Soll das ein Witz sein? Ich treffe mich gleich mit einer hammergeilen Frau, die aus dem Flugzeug. Die soll mich mögen."

Zine überlegte kurz, warf sich auf's Bett und starrte die Decke an. Dann sagte er:

„Ohhh Jim. Die Menschen, besonders Männer, verbiegen sich viel zu sehr. Sei doch einfach du selbst. Du versuchst jetzt ein Bild aufzubauen, von einem Mann, den sie möglicherweise mögen könnte. Wahrscheinlich versuchst du über Dinge zu reden, die ihr gefallen, Essen zu essen, was sie mag und so weiter. Totaler Bullshit!"

Unverständnisvoll antwortete ich: „Natürlich muss sie mich mögen, ansonsten wird das doch nichts."

„Ja, das ist auch richtig, aber du gehst vollkommen falsch an die Sache ran. Entweder sie mag dich für das, was du bist, das, was du magst, das, was du gerne isst, … oder sie mag es halt nicht. Dann findest du eine andere Frau, die dein wahres Ich mag. Du verstellst dich und bist vielleicht kurzzeitig erfolgreich, aber im Laufe der Zeit dringt dein echtes Ich immer an die Oberfläche!"

„Der wahre Löwe des Lebens kommt immer zum Vorschein."

„Als würde ich es riskieren können, diese gutaussehende Frau einfach links liegen zu lassen, wenn sie mich nicht mag." Antwortete ich süffisant. Er mochte ja vielleicht viel Auswahl an Frauen haben, aber bei mir war dieses Treffen ein absolutes Highlight.

„Du gehst doch schon mit vollkommen falschen Erwartungen da rein! Sie ist auch nur ein Mensch. Vielleicht furzt sie im Schlaf. Woher willst du denn wissen, dass sie es nicht tut? Wir Menschen bauen uns immer ein riesiges Idealbild von einer Person auf, ohne sie wirklich zu kennen. Da kannst du nur enttäuscht werden. Deswegen, sei du selbst. Rede über Dinge, die du magst, für die du dich begeistern kannst und tu nicht so, als würdest du über jede Schnulze mitreden können, weil du die ja ach so liebst und Ryan Gosling war in ‚Wie ein einziger Tag' hervorragend."

Ein leichtes Grinsen ging mir über's Gesicht, da ich den Film wirklich geguckt hatte und Ryan Gosling erstaunlich gut war, aber das konnte ich in diesem Moment nicht zugeben.

Andauernd hatte ich mich für Frauen verstellt. Ich hatte immer gefragt, was sie machen wollten, was sie essen wollten, worauf sie Lust hatten. Nie habe ich dabei an meine Interessen gedacht. Als wäre das Interesse der Frau das Einzige, was wichtig ist. Sollte es nicht viel mehr ein Geben und Nehmen sein?

Als ich auf die Uhr schaute, fiel mir auf, dass ich losmusste. Ich verabschiedete mich von Zine. Er warf mir ein: „Sei du selbst!“ hinterher und ich sprang in den Bus.

Da waren wir nun. Sie war pünktlich und wartete bereits auf mich. Ich sah ihr wunderhübsches Gesicht schon aus der Ferne. Sofort warf sie mir ein Lächeln entgegen, welches mich zum Schmelzen brachte. Am liebsten hätte ich mich in diesem Moment auf die Knie geworfen und sie gefragt, ob sie mich heiraten will, „aber immer langsam“, dachte ich mir. „Fangen wir erstmal an und schauen, wie der Tag verläuft.“

Nur hatte ich mir fest vorgenommen, dieses Mal wirklich ich selbst zu sein. Besonders über Dinge zu reden, die mich interessierten. Aufgrund dessen ging ich eher davon aus, dass der Tag schneller endete als mir lieb war.

Das Café in dem wir uns trafen, sah französisch aus. Rechts daneben war ein großer Springbrunnen, in dem aber kaum noch Wasser lief, es stand eher. Dadurch sammelten sich jedoch alle paar Minuten Vögel dort und rundeten das Bild ab. Das Café selbst war bräunlich, grün und schwarz gehalten. Schwarze Stühle, braune, runde Tische und ein grünes Logo. Sah ein wenig aus wie diese große Kaffeekette, hatte aber eindeutig mehr Stil. Die Menschen waren bunt verteilt. Der eine las Zeitung, in der anderen Ecke saß ein Paar, dort ein paar Studenten mit Laptop, die auf Business machten und einige kleinere Frauengruppen.

Doch Maries blondes Haar und ihr Lächeln überstrahlten einfach alles. Ich gesellte mich zu ihr, wir umarmten uns kurz, vollkommen überschwänglich gab sie mir einen Kuss auf die Wangen, wie die Franzosen es taten und ließ mich etwas verdutzt zurück.

„Tut mir leid, das habe ich mir in meinem Auslandsjahr in Frankreich angeeignet.“ Grinste sie mich an.

„Ich will mich nicht beschweren“ antwortete ich leicht errötet zurück.

Wir bestellten uns etwas zu trinken und quatschten ein

wenig. Mich interessierte, was sie in Frankreich gemacht hatte, in welcher Stadt sie war.

„Ich war ein Jahr in einem kleinen Vorort von Paris, gar nicht weit weg. Wir waren praktisch jeden Tag in Paris unterwegs und haben die Stadt genossen. Es war …"

Während sie weitersprach und ich mit einem Ohr zuhörte, schaute ich tief in ihre Augen. Sie waren bezaubernd. Es war ein solch tiefes Blau, dass ich dachte, ich sehe das Meer. Sie hatte mich in Trance. Ich konnte meine Augen kaum von ihren lassen. Es faszinierte mich einfach. Irgendwie hatte ich das Gefühl, dass wir uns auf einer tiefen Ebene berührten. Das Reden fand ganz normal statt, aber über unsere Augen kommunizierten wir etwas ganz anderes.

Da drang es plötzlich aus mir heraus: „Deine Augen… das Blau…damit hast du mich in deinen Bann gezogen."

Errötet und sich das Haar richtend antwortete sie: „Danke. Ich mag deine Hände."

Sie fing laut an zu lachen und fügte hinzu: „Tut mir leid, das klang jetzt sicher etwas komisch."

Ich musste ebenfalls lachen und fragte sie: „Meine Hände?"

„Ja, ich mag deine Hände. Klingt verrückt."

Sie nahm meine Hände und berührte sie, als würde sie etwas austesten. Ich nahm daraufhin ihre Hand in meine und machte dasselbe. Wir sprachen über den Bhutan, über ihren Job und ich gestand ihr mein Vorhaben, Geschichten zu schreiben. Sie war total begeistert und die Spannung zwischen uns war kaum auszuhalten. Ich zahlte unsere Getränke und lud sie auf einen Spaziergang ein.

Wir lachten viel, rangelten ein wenig und als ich dachte der Moment wäre richtig, hielt ich sie an, zog sie an ihrem Arm an mich und schaute ihr tief in die Augen.

„Da war der Moment" dachte ich mir. Der Moment, in dem beide wussten, es passiert jetzt. Der Kuss ließ sich nicht mehr vermeiden. Beide spürten diese Spannung und ich musste den ersten Schritt machen. Ich nahm also meinen Mut zusammen und sah, wie sie langsam ihre Augen schloss. „Es wird passieren" ging es mir durch den Kopf und ich genoss diesen Moment vollkommen.

Dann küsste ich sie und mein Gott, es fühlte sich so gut an. Seit langem mal wieder. In mir kribbelte alles, mein Bauch machte Luftsprünge, mein Herz war am Rasen.

Dann sagte ich: „Kriege ich jetzt Rabatt bei deiner Airline?" und wir beide lachten los.

Es war komisch. Die Stimmung war sexuell und ausgelassen. Wir lachten viel, hielten immer Mal wieder, küssten uns und liefen weiter. Die Zeit verging wie im Flug. Während wir ziellos irgendwo umherwanderten, sagte sie plötzlich:

„Hier wohne ich übrigens. Hast du Lust auf einen Kaffee?"

Sie hatte mich direkt, vollkommen ohne mein Bewusstsein, zu sich geleitet. Ich war erstaunt und fasziniert zugleich.

„Klar" sagte ich. „Ist auch ganz schön kalt hier draußen."

Wir betraten ihre Wohnung im dritten Stock. Ein schönes kleines Appartement mit zwei Zimmern. Ganz anders als bei mir. Hier war es aufgeräumt und überall stand irgendwelche Deko herum, wie ein Ast mit Kerzen. Ich verstand das Ganze Dekozeugs nie und so beachtete ich es auch nicht weiter.

Als wir im Wohnzimmer waren und wir die Jacken abgelegt hatten, quatschten wir kurz über die Wohnung und dann küsste ich sie wieder. Wir wussten beide ganz genau, wieso wir hier oben waren. Stundenlang ging es so weiter, bis wir uns irgendwann ins Zimmer verzogen.

Ihr sportlicher Körper war genauso wunderschön wie ihre Augen. Sie schien oft Sport zu machen, dennoch mangelte es ihr nicht an Oberweite. Sie hatte ein kleines Muttermal rechts über ihrem Arsch, welches ich nie vergessen werde.

Ich dachte immer, Sex sei dasselbe. Ein wenig schwitzen, wie auf dem Crosstrainer und am Ende ein spektakuläres Finale, welches nach einigen Sekunden auch wieder vorbei war. Dann gehen alle zufrieden und glücklich schlafen. Ende.

Doch mit Marie war das anders. Wenn diese Frau Liebe machte, mein Gott, in diesem Moment betrat ich eine komplett neue Welt. Unsere Seelen fühlten sich verbunden und wir waren nicht einfach zwei nackte Körper, die sich aneinander rieben. Ich schloss beim Sex nie meine Augen, dieses Mal tat ich es. Ich war einfach nur da und genoss jede Sekunde. Es fühlte sich wie eine Ewigkeit an, eine wunderschöne Ewigkeit.

Diese Nacht blieb es nicht bei einem Mal. Irgendwann in der Nacht lagen wir einfach nur so dort und sprachen über unsere Träume. Sie sprach davon, dass sie unbedingt Stewardess werden wollte, weil das ihr die Möglichkeit gab zu reisen und gleichzeitig Geld zu verdienen. Ich sprach davon, dass ich unbedingt schreiben wollte, weil mir das ein Gefühl von Freiheit gab, von Ausdruck.

Zu meinem Erstaunen war sie die erste neben Zine, die das verstand. Sie sagte: „Ich glaube, du bist ein toller Schriftsteller." Ohne zu wissen, wie ich schrieb. Nicht nur sie, auch ihre Worte waren Balsam für meine Seele. Nach den Tagen, wo ich dachte die ganze Welt würde sich gegen mich wenden, hatte ich einen Menschen gefunden, der mir in irgendeiner Form Halt und Motivation gab, obwohl ich diesen Menschen kaum kannte. Es war verblüffend. Wir sprachen die ganze Nacht über unsere Träume, über Länder die wir bereisen wollten, über das Leben, Freunde und irgendwann schliefen wir einfach Arm in Arm ein. Wissend, dass dieser Moment einer der kostbarsten unseres Lebens sein könnte.

Der nächste Morgen war komisch. Es war komisch, dass er kaum komisch war. Das eine Mal als ich mit einer mir eigentlich fast fremden Person im Bett landete, schlich ich mich am nächsten Morgen, genauso peinlich berührt wie sie hinweg und wir sahen uns nie wieder.

Dieses Mal war es, als kannten wir uns seit Jahren. Keiner wollte gehen. Wir waren glücklich.

Als ich wach wurde, war sie schon auf und hatte uns Frühstück gemacht. Ich roch den Kaffee bis ans Bett, hörte das Zischen der Eier in der Pfanne und dachte darüber nach, was diese Reise mit Zine mir bis jetzt alles geschenkt hatte. Es waren Tage, doch diese Tage fühlten sich an wie Jahre.

Kurz darauf kam sie ins Zimmer und fragte mich, ob ich Kaffee trinken wolle, als wäre sie gerade am arbeiten. Wir beide lachten darauf herzlich. Ich sprang auf, warf sie aufs Bett und wir rangelten ein paar Minuten. Daraufhin küsste ich sie immer und immer wieder.

Es war wie im Film, diese kitschige Sorte. Von denen man eigentlich schon genug gesehen hatte. Der Unterschied? Ich schien die Hauptfigur zu sein. Normalerweise war ich sonst eher eine Randfigur, gar ein Statist. Derjenige, der am Ende alleine zurückgelassen wird. Mein Leben hatte jedoch eine Wendung um 180 Grad genommen. Vor einem Monat hätte ich von so einem Tag nur träumen können.

Wir frühstückten, schmissen uns wieder ins Bett und verweilten dort ein paar Stunden. Gegen Nachmittag verabschiedete ich mich, sie sagte mir, dass sie die nächsten Tage erst einmal auf Reisen ist, mich jedoch danach gerne wiedersehen würde. Wir verabredeten uns für das kommende Wochenende. Auf diese Weise hatte ich die Zeit, mich meinen Geschichten zu widmen.

Als ich zu Hause ankam, saß Zine in meinem Zimmer. Ich war verwirrt und fragte: „Wie bist du hier reingekommen?“

Zine lachte: „Nach all den Dingen fragst du dich solche Kleinigkeiten?“ und gab mir damit keine genaue Antwort. „Wie war dein Date?“ zwinkerte er mir zu.

„Gut.“ Antwortete ich mit einem riesigen Grinsen im Gesicht.

Während ich Zine ein wenig vom gestrigen Tag erzählte, klingelte mein Handy. Es war eine Nummer, die ich nicht kannte. Ich ging ran: „Hallo?“

Eine weinerlich, zittrige Stimme sprach: „Jim? Hier ist Sam. Deiner Mutter geht es nicht gut. Es wäre glaube ich besser, wenn du in der nächsten Zeit einmal rumkommst.“

Ich hörte ein Schluchzen im Hintergrund und für eine Sekunde hörte die Welt sich auf zu drehen. Ein tiefer Stich unterhalb der Brust erschwerte mir das Atmen. Ein Schauer lief mir über den Rücken, ich bekam Gänsehaut. Niemals hätte mein Stiefvater mich angerufen, wenn es nichts wirklich Schlimmes gewesen wäre. Die Erkenntnis, dass meine Mutter wahrscheinlich im Sterben lag, kam mir schnell.

Entsetzt sagte ich: „Ich mach mich auf den Weg. Wo seid ihr?“ „Im städtischen Krankenhaus.“ „Ich bin sofort da.“

Ich steckte mein Handy in die Hosentasche, ging direkt zur Tür und wollte aus dem Haus, als Zine mir zurief: „Wohin?“ „Meine Mutter… Sie liegt im Sterben.“

Zine lief mir sofort hinterher und wir machten uns auf den Weg. Auf den Bus hätte ich warten müssen, also lief ich die fast 10 km bis ins Krankenhaus. Auf dem Weg versuchte Zine ein paar Worte mit mir zu wechseln, aber ich sagte nichts.

Währenddessen hoffte ich, dass ich falsch lag. Vielleicht lag sie gar nicht im Sterben. Möglicherweise hatte sie sich nur verletzt.

Im Krankenhaus angekommen fragte ich an der Information nach dem Zimmer. Schnurstracks lief ich dorthin. Es war zumindest nicht die Intensivstation, nur ein einfaches Zimmer.

Als ich hereinkam, lag meine Mutter dort, mein Stiefvater Sam stand daneben und neben ihr ein Arzt samt Krankenschwester. Der Arzt schien fertig zu sein, sagte mir Hallo und verließ das Zimmer, dicht gefolgt von der jungen Krankenschwester.

Sam sah kreidebleich aus. Als hätte er ein totes Kind gesehen. Meine Mutter sah erstaunlich gut aus. Ich hatte Schlimmeres erwartet. Vielleicht ging es ihr ja gar nicht so schlecht.

Sie begrüßte mich mit Tränen in den Augen. Wir umarmten uns und ich begrüßte Sam ebenfalls. Als ich fragte, was los war, schauten sie mich nur seelenlos an. Keiner von beiden wusste, wie sie es mir sagen sollten. Dann fing meine Mutter an, in Tränen auszubrechen.

Sam sagte daraufhin: „Deine Mutter ist heute zu Hause umgekippt. Als wir dann ins Krankenhaus fuhren haben die Ärzte ein Scann ihres Gehirnes gemacht. Sie hat einen Hirntumor.“ Sam schluchzte und schaute meine Mutter an: „Die Ärzte sagen, er ist operativ nicht entfernbar und dass eine Chemo in solch einem späten Stadium nichts bringen würde…"

Mir blieb das Herz stehen.

Ich fing an zu weinen und umarmte sie, drückte sie so fest ich konnte und ließ nicht mehr los. All die Zeit, in der wir nicht großartig Kontakt hatten, war vergessen. Wir hatten eine Verbindung, die viel stärker war. Am Ende des Tages war sie die Frau, die mich jahrelang großgezogen hatte. Sie war meine Mutter. Niedergeschlagen fragte ich, wie lang die Ärzte ihr noch gaben, als ich mit Sam einen Kaffee holen ging.

„Ca. ein halbes Jahr, vielleicht mehr, vielleicht weniger. Das können sie nicht sagen…"

Nur ein halbes Jahr? Meine Mutter würde in sechs Monaten sterben? Es musste doch etwas geben, was das verhinderte.

Ich sagte: „Sam, wir müssen das aufhalten. Es muss doch Ärzte geben, die das operieren können. Irgendwelche Medikamente, irgendwas?!"

Sam nahm mich in den Arm, während ich in Tränen ausbrach und sprach zu mir: „Jim, es gibt nichts. Das einzige was wir für deine Mutter tun können, ist ihr die restliche Zeit so schön wie möglich zu gestalten."

Ich verstand Sam. Ich verstand seine Idee, aber diese Idee bedeutete immer noch, dass meine Mutter sterben würde und damit konnte ich mich nicht einfach abfinden. Ich war gezwungen, etwas zu tun. Tatenlos herumsitzen und darauf warten, dass meine Mum sterben würde, konnte ich nicht.

Die Ärzte entließen sie noch am selben Tag, gaben uns Schmerzmittel mit, die ihr das Leben bis zu ihrem Tod erleichtern sollten, klärten uns auf, wie wir wann vorgehen mussten, was zu beachten ist und so weiter. Ich hörte nicht zu. Meine Gedanken kreisten darum, dass ich das irgendwie verhindern werden würde.

Wir fuhren mit meiner Mutter nach Hause, im Auto von Sam. Zine hatte sich verabschiedet.

Die gesamte Fahrt verbrachten wir still im Auto. Zu Hause angekommen begleitete ich meine Mutter ins Bett und hatte einen Moment mit ihr alleine.

Sie legte sich hin, ich kniete mich vor das Bett und nahm

ihre Hand. In weinerlicher Stimme sagte ich:

„Mama, es tut mir leid, dass ich so selten hier war. Ich war ein Arschloch und habe mich nur um meine eigenen Belange gekümmert. Ich wünschte, ich könnte das irgendwie wieder rückgängig machen…".

Die Tränen flossen mir die Wangen herunter, meine Augen wurden ganz klein, ich schluchzte und mein Herz tat mir weh. Meine Mutter lag im Sterben und ich habe sie so selten besucht, nur weil mir ihre Beziehung zu Sam unangenehm war.

Meine Mutter fing auch an zu weinen: „Jim, mach dir keinen Kopf."

Wir lagen uns in den Armen und in dem Moment fiel mir etwas ein: Auch meine Mutter hatte Träume. Zine weckte in mir die Träume, gab mir das Gefühl wieder lebendig zu sein. Könnte ich meiner Mutter nicht das Gefühl geben, wieder lebendig zu sein? Ihre letzten Träume erfüllen?

Ich schaute sie an und fragte: „Mum, es war doch immer dein Traum, einmal in die Karibik zu fliegen, oder nicht?"

„Ja" antwortete sie „Aber dafür bleibt wohl keine Zeit mehr. Das hätte ich machen müssen, als ich noch jung war."

Ein Lächeln sprang mir auf's Gesicht: „Es ist nie zu spät, Mama! Ich muss kurz etwas erledigen, ich komme sofort wieder."

Ich rannte zu Sam und erzählte ihm von meiner Idee.

„Nimm dir Urlaub und wir fliegen in die Karibik! Wir bringen meine Mutter ein letztes Mal an den Ort ihrer Träume. Das hat sie sich verdient."

Sam schien ein wenig skeptisch, aber nach kurzer Überlegung war er ebenfalls von der Idee überzeugt.

„Wie willst du das anstellen?" fragte er mich.

„Keine Sorge. Ich buch' die Tickets, die Unterkunft und regele das mit den Ärzten. Ich melde mich, sobald ich alles habe, kümmere dich solang um sie."

„In Ordnung" sagte er und ich verabschiedete mich von meiner Mutter, mit dem Versprechen bald wieder zu kommen.

15 DIE REISE

Auf dem Weg nach Hause führte ich alle möglichen Telefonate. Ich rief die zuständigen Ärzte an, die mir sagten, es wäre sicher nicht ganz gut für ihren Zustand so lange zu fliegen, doch da ihr Ende absehbar war, gaben sie ihr Einverständnis. Es sollte nur sichergestellt sein, dass sie ab und zu von einem Arzt kontrolliert werden würde.

Danach rief ich das Reisebüro an und fragte nach dem nächsten Flug plus Unterkunft in der Karibik. Laut Auskunft wäre es möglich, am nächsten Tag einen Flug zu nehmen, an dem noch Plätze frei waren. Ich buchte die Tickets und hatte alles Nötige soweit erledigt.

Zu Hause angekommen packte ich meine Sachen, während es an der Tür klopfte. Es war selbstverständlich Zine. „Wie geht's dir?“ fragte er mich.

Während ich versuchte meine Tränen zurückzuhalten, als ich mir wieder bewusst machte, dass meine Mum sterben würde, sagte ich: „Meine Mutter wird sterben.“

Zine nahm mich in den Arm und schaute mich danach an: „Du bist ein Löwe des Lebens, Jim! Tief in dir drin hast du die Kraft, um das Ganze zu überstehen. Nutze diese Kraft, um deiner Mutter die nötige Zuneigung zu geben, die sie jetzt braucht."

Wütend gab ich zurück: „Ich werde nicht zusehen, wie sie stirbt... Ich werde es verhindern."

„Jim, ich verstehe deine Wut. Du fragst dich sicherlich, wieso ausgerechnet deine Mutter. Was hat sie dem Leben getan? Es liegt aber nicht in unserer Hand zu bestimmen, wann wer von dieser Erde geht. Du kannst den Lauf der Zeit nicht aufhalten. Bete nicht für die Kraft, das zu verhindern, sondern bete für die Kraft das Ganze zu überstehen. Deine Mutter wird nie sterben, sie wird immer ein Teil von dir sein."

„Ein Löwe des Lebens betet nicht für die
Kraft etwas zu verhindern, er betet für die
Stärke, die Dinge zu überstehen."

Unter Tränen gab ich keine Antwort. Meine Mutter würde nicht sterben und ich würde es nicht passieren lassen. Alles Menschenmögliche würde ich tun, um das zu verhindern! Deswegen sprach ich nicht mehr groß, packte meine Sachen und machte mich auf den Weg zurück zu meiner Mutter. Ich wollte mich dort einquartieren, bevor wir in Richtung Karibik flogen.

Zine sagte ich: „Ich danke dir für deine Worte, aber es tut mir leid, ich kann es nicht einfach so akzeptieren. Ich werde für meine Mutter kämpfen. Mach die Tür hinter dir zu, wenn du gehst."

So verließ ich die Wohnung wieder und machte mich auf den Weg zurück. Dort angekommen freute sich meine Mutter sichtlich mich zu sehen.

„Mum, ich habe eine Überraschung für dich." Sagte ich.

„Ach Jim, mach dir bitte keine Umstände." Gab sie zurück.

„Morgen fliegst du in die Karibik. Wir alle fliegen in die Karibik. Ich hoffe, du hast genug Badeklamotten für den Strand."

Mit einem Leuchten in den Augen schaute sie mich an und gab mir kurzzeitig das Gefühl, die Diagnose zu vergessen. In diesem Moment dachte sie an nichts, außer an ihren Traum, der schon bald Realität werden würde.

Sam war ein wenig skeptisch, aber auch er freute sich. Er gab zu, dass er es besser fände, hier zu bleiben, da so ein Flug unnötig belasten würde. Ich verstand seinen Einwand, doch das Leuchten in den Augen meiner Mutter bestätigte mich in meinem Vorgehen.

Den Tag über war sie bettlägerig, doch als sie die Neuigkeit des Urlaubs erfahren hatte, stand sie auf und packte ihre Klamotten eigenhändig. Wie ein kleines Kind, welches auf den Weihnachtsmann wartete, lief sie ungeduldig durch das Haus. Sie kam zu mir, umarmte mich und freute sich sichtlich. Gegen Abend legte ich mich auf die Couch, während sich Sam und meine Mutter ins Schlafzimmer verzogen. Im Einschlafen kam ich ins Grübeln.

„Wie werde ich klarkommen, wenn meine Mum mal nicht mehr ist? Hilft ihr der Urlaub? Was ist, wenn dort was Schlimmes passiert? Soll ich ihr bei all den schlechten Neuigkeiten noch sagen, dass ich meinen Job gekündigt habe? ...".

Unzählige Gedanken gingen mir durch den Kopf, aber am meisten dachte ich daran, wie sehr sich meine Mutter diesen Urlaub verdient hatte.

Als ich klein war und meine Mum ab einem bestimmten Punkt mit mir alleine, hat sie für Firmen geputzt. Sie hatte nicht die nötige Schulbildung, um andere Dinge zu machen, also hat sie jede Nacht in irgendwelchen Büros die Räume geputzt. Sie hat mir immer gesagt: „Ich will, dass du es einmal besser hast." Jeden Morgen, wenn sie nach Hause kam, hat sie mir erzählt wie ihre Füße und ihr Rücken geschmerzt hatten. Trotzdem ging sie direkt in die Küche und machte mir Essen. Ich nahm das immer für selbstverständlich und habe nie daran gedacht, wie sehr sich meine Mutter für mich aufgeopfert hatte. Wie viel Schmerzen sie in Kauf nahm, nur damit ich es einmal besser habe.

Ein Gefühl der Scham überkam mich. Ich hatte mir nie den Aufwand gemacht, dass ich ihr das irgendwie zurückzahlte.

Das Mindeste, was ich jetzt noch tun konnte, war ihr die schönste Restzeit ihres Lebens zu schenken.

Langsam nickte ich ein und begann zu träumen…

Vor mir befand sich das riesengroße Meer, es sah kristallklar aus. Bis zum Horizont war nur Wasser zu sehen. Meine Füße steckten im warmen Sand, während ich mich auf einer Liege befand. Links neben mir lag meine Mutter, mit Sonnenbrille und neben ihr Sam. Sie lachten und schienen das Leben zu genießen. Eine leichte Brise wehte über uns hinweg. Es war nicht kühl, nein, angenehm warm. Plötzlich wurde es dunkel und ich bemerkte schnell wieso. Marie stand genau in der Sonne und warf einen großen Schatten auf mich. Sie setzte sich auf meinen Schoß und blickte mich an. In dem schwarzen Bikini sah sie wunderschön aus.

Sie sprach: „Es ist wunderschön hier, lass uns für immer hier bleiben."

„Ja, lass uns das tun. Wir leben einfach auf dieser Insel."

Sie gab mir einen Kuss und meine Mutter sprach von der Seite: „Wir bleiben mit euch hier. Es ist wie das Paradies. Danke Jim!"

Marie legte sich auf ihre Liege zum Sonnen und im nächsten Moment erschien Zine und sagte: „Deine Mutter wird sterben, Jim."

Ich erwiderte mit einem müden Lächeln: „Nein, wird sie nicht. Sieh' doch, es geht ihr gut." Und zeigte zu meiner linken, doch sie war weg…

Ein Stechen durchzog meine Brust, ich fing an zu stottern: „Nein, neeeiin, nein, da, da, das, kann nicht sein."

Zine setzte sich auf die Liege, wo meine Mutter lag und sprach: „Das ist das Leben. Wir alle sterben. Der Tod wird uns alle einmal holen, doch fürchte ihn nicht. Fürchte eher, dass du bis zu deinem Tod möglicherweise nie wirklich lebst."

Plötzlich befanden wir uns auf einem Friedhof. Links und rechts überall Steine mit Aufschriften. Hier liegt…. Es war ruhig, es war idyllisch und trotzdem eine komische Stimmung. Auf dem Grab vor mir stand der Name meiner Mutter. Von rechts hörte ich eine Stimme und blickte dorthin:

„All die Jahre habe ich mich totgearbeitet für dich und du verschwendest die ganze Zeit dein Leben. Jetzt hast du die Quittung."

Es war meine Mutter, aber so hatte sie nie mit mir gesprochen. Es konnte nicht meine eigene Mutter gewesen sein. Aber sie hatte Recht. All die Jahre habe ich mein Leben verschwendet, während meine Mutter sich abrackerte, mir ein Leben mit Chancen zu ermöglichen. Dann erwies ich ihr nicht einmal den Dank, das Ganze zurückzuzahlen.

Zu meiner linken erschien auf einmal Zine: „Es ist noch lange nicht zu spät, Jim. Dein Leben kannst du immer noch leben. Tu es für deine Mum und fang an deinem Vater zu verzeihen."

Ich war verwirrt: „Mein Vater ist Tod, Zine. Wie und warum sollte ich ihm verzeihen?"

„Du tust das nicht nur für ihn, du tust das für dich. Werfe alten Ballast ab. Dein Vater hat sicherlich immer das Menschenmögliche für dich getan, nur du hast es nicht gesehen. Möglicherweise war es ihm nicht möglich, dich mehr zu lieben, oder es stärker zu zeigen, weil er zu wenig Liebe für sich selbst hatte. Wir können immer nur das weitergeben, was wir selbst schon besitzen. Ich verspreche dir, dein Vater hat dich über alles geliebt, er hatte nur nicht die Möglichkeiten, es dir auf die entsprechende Weise zu zeigen."

Während ich das Grab meiner Mum anschaute, erschien neben ihr das Grab meines Vaters. Da lag er also. Stimmte es wirklich? Hatte er mich geliebt? Auch er sagte mir früher immer, ich soll es einmal besser haben und nicht den ganzen Tag schuften müssen. Hätte ich vielleicht auch so reagiert wie er, wenn ich nach einer zwölf Stunden Schicht nach Hause gekommen wäre? Wäre ich dann auch abweisend gewesen?

Ich wollte Zine antworten und da stand er nun, mein Vater.

Er umarmte mich und ich fing an zu weinen. Mit weinerlicher Stimme sprach ich: „Papa, wieso bist du so früh gegangen? Ich brauche dich. Ich vermisse dich und ich verzeihe dir. Ich weiß, du wolltest nur das Beste für mich."

Mein Vater weinte ebenfalls, ich hatte ihn noch nie weinen gesehen. Dann sprach er: „Jim, ich liebe dich. Es tut mir leid, ich habe dir nie zeigen können, wie stolz ich auf dich war. Dabei wollte ich es immer anders machen als mein Vater. Ich wollte dir sagen, wie stolz ich auf dich war, doch es ging nicht. Ich konnte es nicht. Ich weiß nicht, wieso. Ich habe dich immer geliebt und werde dich immer lieben, mein Sohn. Es tut mir leid, dass ich es nie in der Form zum Ausdruck bringen konnte, wie du es gebraucht und verdient hättest. Hier oben warte ich auf euch. Versprich mir nur, dass du es bei meinen Enkeln anders machen wirst, als ich es damals getan habe."

Durch die ganzen Tränen konnte ich ihn kaum erkennen, als ich sagen wollte: „Ich verspreche es dir". Da war er schon fort. Ich stand alleine dort und weinte. Mein ganzes Leben lang hatte ich eine Abneigung gegen meinen Vater in mir getragen, die sich in Luft auflöste und Erleichterung wich. Doch gleichzeitig fühlte ich mich schlecht, nie erkannt zu haben, wer mein Vater wirklich war. Es tat unglaublich weh, zu wissen, dass ich es nie erfahren würde.

Auf einmal wurde ich aus dem Traum gerissen! „Jim? Jim? Ist alles in Ordnung?"

Ich öffnete meine Augen und Sam stand vor mir.

„Du warst am Weinen. Ich hoffe, es geht dir den Umständen entsprechend gut."

„Ehm, ja, alles in Ordnung. Habe nur etwas Schlechtes geträumt."

Wir machten uns auf den Weg zum Flughafen, doch ich war geistig nicht anwesend. Durchgehend hatte ich an meinen Traum gedacht und an meinen Vater. Stimmte es? War es wahr, dass mein Vater mich doch liebte und mir seine Liebe nur nicht zeigen konnte?

Sam, meine Mutter und ich begaben uns an den Schalter, zum Boarding, ins Flugzeug und waren praktisch da. Ich hatte nichts wahrgenommen. Meine Mutter freute sich immer wieder, zeigte wie ein Kind aus dem Fenster des Flugzeuges, doch ich war in meinen Gedanken gefangen. Dieser Traum wollte mich nicht loslassen, zu tief saß der Schmerz, nie die Liebe bekommen zu haben, die ich mir wünschte. Ihn sehen zu wollen, aber es nicht zu können.

Ich dachte darüber nach, was wäre, wenn ich meinem Vater wirklich begegnen würde, wenn er wirklich noch leben würde. Wie alles verlaufen wäre, wenn mein Vater da gewesen wäre…

Nach zig Stunden kamen wir in der Karibik an, meine Mutter war zwar sichtlich mitgenommen von dem langen Flug, aber ihre Freude überstrahlte alles. Sie strahlte eine Energie aus, die mich kurzzeitig meinen Traum vergessen ließ.

Am Flughafen angekommen, spürten wir sofort das warme Klima. Es war angenehm warm, nicht drückend. Ich hatte Sorge, es könnte zu heiß sein für meine Mum, aber sie schien damit wunderbar klar zu kommen. Wir wurden in ein weiteres kleines Flugzeug gebracht und flogen von dort aus auf eine kleine Insel. Es sah aus wie im Paradies. Der Bhutan und das Tigernest waren ebenfalls wunderschön, voller Natur, aber das hier, das war der Traum. Wäre ich Milliardär, hätte ich mir eine solche Insel sofort gekauft.

Es gab unzählige Inseln, die sich Stück für Stück das ganze Meer entlangstreckten. Wir machten auf einer mittelgroßen Insel halt. Das Flugzeug hielt auf dem Wasser und wir liefen über den Steg direkt zur Hotelrezeption. Das Hotel an sich bestand aus ganz vielen kleinen Häuschen, die alle ihren privaten Strandbereich hatten.

Diese Häuschen waren komplett aus Holz, mit Strohdächern und überall drumherum Palmen. Der Strand war weiß und so fein, dass er sich außerordentlich weich anfühlte. Wir hörten das leichte Meeresrauschen und ein paar Vögel. Es ergab ein wundervoll harmonisches Zusammenspiel.

Eine junge Dame mit einem asiatischen Touch führte uns zu unserem Haus. Es hatte genügend Zimmer, einen eigenen Pool inkl. Whirlpool und Zugang zum Strand. Ich hatte mich sofort verliebt und verlor keinen Gedanken mehr an meinen Traum, ich war wieder im Augenblick. Dieser Ort, egal an was man dachte, brachte einen zurück auf den Boden. Es war der wortwörtliche Traum. Ein gewisser Stolz durchzog mich, denn ich wusste: Auch meine Mum und Sam würden diesen Ort lieben.

Genau das taten sie auch. Beide sprachen davon, dass es in ihren kühnsten Träumen nicht so wundervoll ausgesehen hat. Während wir uns einrichteten, einigten wir uns darauf, direkt ans Meer zu gehen. Wir nahmen uns drei Liegen und genossen den Moment. Die Füße baumelten im Sand, das Meer schlug leichte Wellen, die Palmen schenkten uns Schatten, kurz: Es war das Paradies von dem jede Frau und jeder Mann träumte.

Das Lächeln meine Mutter gab mir das Gefühl, dass sie für kurze Zeit ihre Krankheit vergessen konnte. Das war Geschenk genug für mich.

Die Tage vergingen, wir befanden uns in einer Art Zeitvakuum. Keiner wusste, welcher Tag welcher der heutige war oder wieviel Uhr wir hatten. Wir orientierten uns an der Sonne, standen mit ihr auf und gingen mit ihr schlafen. Es war ein leichtes Leben. Keine Sorgen, keine Gedanken, keine schrecklichen Träume. Es waren nur wir drei und das Heute.

Doch auch diese Tage gingen um und zwar schneller als ich denken konnte. Zwei Wochen waren wir dort und durften wieder zum Rückflug antreten. Wir alle verließen das Hotel mit einem lachenden und einem weinenden Auge, denn wir wussten, dass es zurück in die Realität ging. Die Realität, in der meine Mutter sterben würde.

Wieder zu Hause angekommen hatte ich ein Gespräch mit meiner Mutter, bevor ich mich auf den Weg in meine Wohnung machte.

Sie sagte: „Jim, ich weiß nicht, wie ich mich bei dir bedanken soll, aber du hast mir das schönste Geschenk gemacht, was mir irgendjemand machen konnte. Du hast mir das Gefühl gegeben, als hätte ich mein Leben nicht ganz ohne Sinn gelebt."

„Mama, das habe ich gerne getan. Auch wenn ich in letzter Zeit selten da war, bist du mir wichtig."

Wir unterhielten uns für einige Zeit, wie wir nun weiterverfahren würden und wie sie ihre Zeit verbringen würde. Mir wurde einmal gesagt, dass es leidenden Menschen half, sich ehrenamtlich zu betätigen. Also schlug ich ihr vor ehrenamtlich irgendwo zu helfen.

Sie fand die Idee wirklich gut und ich versprach ihr, etwas herauszusuchen und sie dorthin zu begleiten. Es sollte nur nicht zu körperlich fordernd sein.

Daraufhin verabschiedete ich mich von Sam, zu dem ich mittlerweile ein wirklich positives Verhältnis entwickelt hatte. Er war ein sehr herzlicher Mensch und ich verstand, wieso meine Mutter ihn mochte und auch er wusste unser neues Verhältnis zu schätzen.

Man sagte es oft, doch das erste Mal in meinem Leben traf es auch wirklich zu: Die Krankheit hatte auch ihre guten Seiten. Wir wurden sehr viel näher zusammengebracht und haben uns auf einer viel tieferen Ebene kennengelernt. Zudem wurde mir noch einmal bewusst, was wirklich zählt im Leben: den eigenen Träumen zu folgen.

Mit dieser Erkenntnis machte ich mich direkt wieder ans Schreiben. Im Urlaub konnte ich einige Ideen sammeln und setzte diese um. Ich schrieb und schrieb, die Tage vergingen. Ich brachte meine Mum zur Tafel, wo sie ehrenamtlich half. Es gefiel ihr. Sie hatte nun eine Aufgabe und empfand das erste Mal ihr Leben als bedeutungsvoll. Ihr Sinn im Leben war, dass ich es einmal besser haben würde. Doch als ich weg war, ist ihr der Sinn abhandengekommen. Nun hatte sie einen neuen Anschluss gefunden und eine neue Möglichkeit, ihrem Leben Bedeutung zukommen zu lassen.

Es vergingen Monate. Ich traf Marie zwischendurch. Wir waren glücklich, aber nicht wirklich zusammen. Sie war aufgrund ihrer Arbeit zu oft unterwegs. Während dieser Zeit schrieb ich viel, traf mich mit den Jungs und kümmerte mich um meine Mutter. Meine Mutter sah so viel glücklicher aus, als in den Momenten vor ihrer Krankheit. Meine Freude, das zu sehen, war riesig.

Zine hatte ich seit dem Urlaub nicht mehr gesehen. Kein Lebenszeichen von ihm. Ich hatte keine Telefonnummer, keine Email, keine Postadresse. Es war, als hätte es ihn nie gegeben. Gerne hätte ich mit ihm gesprochen, denn das Bewusstsein, dass meine Mutter bald sterben würde, war noch da. Auch ihr Glück konnte nicht darüber hinwegtrösten. Nur hatte ich mich mit der Zeit damit abgefunden, es nicht verhindern zu können. Bei den ganzen Zwischenkontrollen hatten die Ärzte mir trotz ihres guten Gesundheitszustandes deutlich gemacht, dass sie definitiv sterben würde und der Krebs nicht mehr aufzuhalten war.

16 ABSCHIED NEHMEN

Ein angenehmer Sommertag. Die Kinder draußen lachten, die Sonne schien, es war warm. Die Menschen liefen in T-Shirts herum und freuten sich. Sommer war eine Zeit, in der alle Menschen etwas glücklicher aussahen. Doch dieser Tag sollte nicht der schönste meines Lebens werden. Es war so weit. Ich hatte die Hiobsbotschaft bekommen. An diesem sonnigen Tag sollte meine Mutter sterben.

Doch was war passiert? Sie verbrachte ihren Tag wie so oft in der Suppenküche in ihrem Ehrenamt. Irgendwann kippte sie einfach um und sie wurde ins Krankenhaus gebracht. Ihre Zeit war nun endgültig abgelaufen, der Tag war gekommen. War ich vorbereitet? Nein, ganz sicher nicht. Ich befand mich an ihrem Bett auf der Intensivstation. Die Ärzte hatten Sam und mir mitgeteilt, dass sie die Nacht nicht überstehen würde. Sie sah so hübsch aus, wie sie dort lag. Und ich wusste nicht, ob es reine Einbildung war, doch ich dachte mir, sie würde lächeln. Als hätte sie ihr Leben in dieser restlichen Zeit in vollen Zügen genossen. Doch vielleicht redete ich es mir nur ein, damit der Schmerz des Abschiedes nicht zu groß wurde.

Die Ärzte boten uns an, sie noch einmal aufzuwecken, damit wir Abschied nehmen konnten. So geschah es dann.

Meine Mutter wurde langsam wach und ich kniete mich neben ihr auf das Bett, nahm ihre Hand in meine und schaute ihr ins Gesicht. Sie schien direkt zu verstehen, an welchen Punkt in ihrem Leben sie gerade angekommen war. Es bedurfte keiner weiteren Worte.

Als würde sie ihre ganze Kraft noch einmal zusammennehmen sprach sie etwas gebrechlich: „Jim, es ist schön, dich zu sehen."

Ich unterdrückte die Tränen „Ich freue mich auch dich zu sehen. Du lässt dich aber ganz schön gehen, Mama." Antwortete ich mit einem Lachen, welches meine Trauer überspielen sollte.

Sie lachte ganz leicht und dann sagte sie folgende Worte, die ich mein Leben lang nicht mehr vergessen werde: „Die Monate seit meiner Diagnose waren die schönsten Monate meines Lebens. Der Urlaub in der Karibik hat einen meiner Träume erfüllt, doch mein Leben wirklich verändert, hast du mit einer anderen Sache, Jim."

Ich fragte mich, was sie meinte und hakte nach: „Was denn, Mum?"

„Der Urlaub war wirklich wunderschön, erst gab er mir ein wunderbares Gefühl. Ich genoss es richtig, doch es war nicht erfüllend. Als hätte ich auf meiner Liste eine Aufgabe abgehakt. Irgendwie war es nur einer meiner Träume. Möglicherweise, weil jeder sagte: Man muss unbedingt einmal in der Karibik gewesen sein. Ich weiß es nicht. Ich wollte es zuerst vor dir nicht zugeben, weil du dich so bemüht hast."

Sie holte tief Luft, das Atmen fiel ihr sichtlich schwer: „Ich weiß noch genau, als du mich zum ersten Mal zur Tafel gebracht hattest. Die Menschen dort waren alle so freundlich und man fühlte sich sofort wohl. Die meisten Menschen waren so voller Lebensfreude, obwohl es ihnen meistens schlechter ging als mir. Sie waren Inspiration für mich und Tag für Tag hatte ich mehr Freude beim Aufstehen, den Menschen zu helfen und das, ohne auch nur einen Cent zu verdienen."

Selbst in diesem Zustand bemerkte ich auf einmal das Leuchten in ihren Augen, wie ein loderndes Feuer, als würde sie voller Energie sein. Hätte man nur das Gesicht meiner Mutter gesehen, dann wäre niemand darauf gekommen, dass diese Person in den nächsten Stunden sterben würde.

„Jim, die Arbeit für die Menschen, hat meinem Leben das erste Mal einen höheren Sinn gegeben. Ich habe etwas Höherem gedient, was mehr wert ist als mein Dasein als Mensch. Etwas, wofür ich mich aufopfern würde. Dafür muss ich dir danken. Wenn ich heute sterbe, gehe ich mit dem Gefühl, etwas bewegt zu haben. Das kann mir keiner nehmen, danke dir…"

Da brach es aus mir heraus. Ich heulte wie ein Kleinkind. Eine Mischung aus Freude und Trauer. Es war schön zu sehen, dass meine Mutter mit einem positiven Gefühl sterben konnte, doch die Tatsache, dass sie starb, machte mich fertig.

Ich war beeindruckt, etwas so simples, wie Menschen Essen ausschenken, ihnen helfen, hatte ihrem Leben Bedeutung verliehen. Allein das machte ihr Leben im Nachhinein lebenswert. Mein verzweifelter Versuch, ihre Träume zu erfüllen, war nur ein Versuch. Dabei dachte ich darüber nach, dass wir alle diese Listen haben.

Listen, die größtenteils geprägt davon sind, was wir tun sollten, wohin wir gehen sollten und so weiter. Die Medien um uns herum teilen uns mit, was wir unbedingt machen müssten. Daraufhin füllen wir ganze Listen mit Zielen, die wir bereisen wollen, die wir erleben wollen, aber sind immer auf der Suche, nach dem Sinn dahinter.

Ich kannte viele dieser Sorte. Menschen, von denen ich dachte, sie wären Vorbilder. Freunde, die jahrelang in jedes Land dieser Welt reisten und Länder sammelten, wie Fußballsticker. Ich beneidete sie. Doch im Endeffekt waren sie alle auf der Suche. Niemand von ihnen reiste, weil er das Reisen genoss. Es war eher Verzweiflung. Sie hatten massenweise Bekanntschaften, aber nie echte Freunde. Dafür blieben sie zu selten lange an einem Ort. Viele reisten, weil es gerade Trend war. Jeder machte es. Ein Auslandsjahr, Work and Travel und wie sie alle hießen. Es ist Teil der Mode geworden. Man gehörte nicht dazu, wenn man nicht regelmäßig in neue Länder reiste.

Viele, die ich wiedersah, waren kein bisschen gereift. Sie wussten immer noch nicht, wer sie waren, wo sie hinwollten. Die meisten befanden sich auf einer ewigen Suche, in der Hoffnung, den Sinn des Lebens im Reisen zu finden.

Es schien jedoch nicht die Aktivität an sich glücklich zu machen. Bei meiner Mutter sah ich, dass es auch die kleinste Sache der Welt sein kann. Eine Tätigkeit, die ihr keinen Cent schenkte. Sie half Menschen ohne Gegenleistung. Doch irgendwie bekam sie eine Gegenleistung. Das Leuchten in ihren Augen, das Feuer, die Leidenschaft, danach suchten die meisten Menschen vergeblich. Meine Mutter hatte es zum Ende ihres Lebens gefunden, besser spät als nie. Sie gab ihre Kraft selbstlos den Menschen und bekam als Geschenk dafür den eigenen Sinn des Lebens, ein Ziel, welches mehr Wert war, als das normale Dasein als Mensch. Irgendwie überirdisch.

Daraus folgerte ich, dass die Sachen, die wir machen, uns ein Gefühl von Sinn und Bedeutung geben müssen, ansonsten suchen wir unser ganzes Leben. Doch war ich soweit? Hatte ich im Schreiben einen höheren Sinn gefunden?

Ich unterhielt mich noch kurz mit meiner Mutter, dann verabschiedete ich mich unter leichten Tränen. Es war ein schlimmes Gefühl, sie zu verlieren, aber ein unglaubliches, sie so glücklich zu sehen. Noch viel unglaublicher war es dadurch, dass ich derjenige war, der sie in Richtung Sinn brachte. Es war eine komische Mischung.

Ich ging aus dem Zimmer und übergab an Sam. Wir blieben dann noch einige Zeit an ihrer Seite, jedoch schlief sie wieder ein. Sie hatte kaum noch Kraft, sich wach zu halten. Nach einigen Stunden ging sie von uns. Die medizinischen Geräte hörten auf zu piepen. Der Arzt sagte uns in leisem Ton, dass es nun endgültig vorbei wäre.

Ich begleitete Sam noch auf einen Kaffee. Wir setzen uns in die Kantine und sprachen. Wir nahmen es mit Fassung. Wir hatten uns vorbereitet, wir konnten uns vorbereiten. Nicht jeder bekam diese Chance, noch einmal Lebewohl zu sagen. Mein Vater starb plötzlich. Er war einfach weg. Dieses Mal war es anderes. Auch wenn der Tod schlimm war, war er angenehmer. Konnte man das sagen? Angenehmer? Gab es einen angenehmen Tod? Die Bedingungen waren einfach anders.

Eine Stimme in mir wurde laut.

„Ein Löwe des Lebens weiß, dass der Zeitpunkt nie der Richtige ist.“

Ich halluzinierte anscheinend.

Da saß ich nun mit Sam zusammen. Eigentlich kannte ich ihn nicht wirklich, doch nun fuhren wir im selben Boot. Meine Mutter war Tod, seine Frau war gestorben. Ich wusste nicht, ob die Gefühle vergleichbar waren, aber Trauer ist Trauer und der Schmerz war in uns beiden riesengroß.

Ehrlich gesagt wusste ich nicht, wo unsere Boote jetzt hinsteuerten. Was würde Sam machen, er hatte ansonsten keine Familie. Was würde ich machen? Auch ich hatte ansonsten keine Familie.

Wir sprachen stundenlang, kamen uns näher und machten aus, uns regelmäßig zu treffen. Die Vorbereitung, das Wissen, dass es irgendwann zu Ende gehen würde, machte den Abschied etwas leichter. Sam war nun meine restliche Familie und in dem Moment der Trauer sprachen wir auch als Männer über unsere Gefühle, ganz offen, wie zwei lange vertraute Menschen.

Als Sam mich daraufhin zu Hause absetzte, brach es in meinem Appartement aus mir heraus. Ich warf mich aufs Bett und heulte. Ich heulte die ganze Nacht. Ich konnte diesen Schmerz nicht verdrängen, er war viel zu groß. Nun hatte ich niemanden mehr. Meine Mutter und mein Vater waren von mir gegangen. Das Leben war eine riesengroße Farce. Das erste Mal, dass ich meiner Mutter wirklich nahe war und das Leben nahm sie von mir.

Gerne hätte ich diese Nacht mit Zine gesprochen, aber er war nicht da. Er war nirgendwo. Im Augenwinkel sah ich den einen Brief. Zine gab mir vor einiger Zeit einen Brief, den ich erst öffnen durfte, wenn gar nichts mehr ging. Wenn ich am Boden lag. Ich konnte mir ironischer Weise keinen besseren Moment vorstellen. Was sollte schlimmer sein, als einen Tod zu beklagen? Also nahm ich diesen Brief und riss den roten Umschlag auf.

Dort drin befand sich ein Zettel, mit fünf Worten.

„Alles ist vergänglich – besonders Gefühle“

Ehrlich? Das sollte es gewesen sein? Diese beschissenen fünf Worte auf einem Papier? Wieder irgendein Kalenderspruch? Die Trauer wich der Wut. Ich fühlte mich verarscht, zerriss das Papier und trat gegen alles, was mir in den Weg kam. Ich ließ meiner Wut freien Lauf. Den Wecker warf ich gegen meinen Spiegel. Ich boxte gegen den Schrank, bis meine Faust blutete und die Schranktür zerbrach. Ich trat gegen mein Bett, bis die Seite kaputtging und mein Fuß schmerzte.

Tränen flossen mir wieder über‘s Gesicht. Es war eine Mischung aus körperlichem Schmerz und seelischem Schmerz, dabei war der seelische um vieles größer. Ich wollte auf diesem Brief eine Lösung, etwas, was meinen Schmerz linderte. Die Enttäuschung darüber, dass es keine war, machte mich wütend. Die Enttäuschung darüber, dass niemand da war, um mir zu helfen, machte mich noch wütender. Und die Tatsache, dass meine Mutter tot war, brach mir das Herz.

Ich legte mich auf mein Bett, meine rechte Hand blutend, mein Fuß pochend, dass Bett in leichter Schräglage und ich starrte die Decke an. Nachdem ich mich ausgeweint hatte, dachte ich nach.

„Alles ist vergänglich…“ murmelte ich vor mich hin…

Mein Vater starb, doch den Schmerz überwand ich. Ich wurde verlassen, doch den Schmerz überwand ich. Ich wurde oft genug abgewiesen, doch den Schmerz überwand ich. Ich begann zu verstehen, dass es die Gefühle waren, die mich fertigmachten, nicht die Ereignisse an sich.

Doch die Gefühle waren vergänglich. Meine Ex-Freundin liebte ich, doch irgendwann war das Gefühl weg. Die Freude über irgendwelche Geschenke, auch die war irgendwann weg. Der Schmerz über Enttäuschung, Tod, Trauer. All das, war irgendwann vergangen. So dachte ich, würde auch dieses Gefühl irgendwann vergehen…

Allein die Tatsache, dass ich mir bewusstmachte, es sei alles vergänglich, nahm mir eine Last von den Schultern. Ich erlaubte mir traurig zu sein, doch gleichzeitig akzeptierte ich, dass auch dieser Zustand nicht von Dauer war. Das gab mir ein Gefühl von Erleichterung. Ich schlief unter Tränen ein.

17 EIN NEUES ZEITALTER

Meine Mutter bekam ganz nach Tradition eine Beerdigung. Es kamen viele Bekannte, Freunde von ihr, meine Freunde und Menschen, die ich nicht kannte. Die Beerdigung war relativ gesehen schön, aber wie konnte eine Beerdigung schön sein? Es flossen Tränen, ich schüttelte jedem die Hand, hörte mir ihre Beileidsbekundungen an und alle fuhren ihres Lebens fort.

Der Tag ging schnell vorbei, ich war froh. Eine Sache jedoch ging mir nicht aus dem Kopf. Zunächst dachte ich, diese Beerdigung wäre für alle nur ein Pflichtprogramm. Von wegen: Wir kannten sie und da sie jetzt gestorben ist, müssen wir zur Beerdigung. Es war sehr wahrscheinlich auch ein Pflichtprogramm, doch was ich dort sah, überraschte mich.

Diesen ganzen Menschen wurde schlagartig bewusst, dass sie sterblich waren. Das ihr Leben hier auf Erden begrenzt war. Ihnen blieb wahrscheinlich weniger Zeit, als sie dachten. Der Tod schien sie für einen kurzen Moment aufzuwecken oder besser gesagt: Die Angst vor dem Tod.

Der Tod an sich schien einfach zu sein: Alle Knöpfe werden ausgedrückt und es wird dunkel. Nur der Weg dahin war schwer. Die Tatsache, einfach zu verschwinden ohne etwas in diesem Leben geleistet zu haben. All diese Leute die dort standen, sagten sich jeden Tag, es gäbe noch genug Zeit für all ihre Träume. In dem Moment, in dem sie jedoch wahrnahmen, dass dort eine Person liegt, die in ihrem Alter oder jünger war, da wurde ihnen bewusst, dass das Leben am nächsten Tag schon enden könnte.

Es gab einen Haken und das war das Traurigste an dieser Beerdigung: All diese Menschen stiegen in ihr Auto, verdrängten den Gedanken, dass auch ihr Leben morgen enden könnte und fuhren mit dem Alltagsscheiß fort, an den sie sich seit Jahren mit Murren und Jammern klammerten.

Dieser Anblick machte mir noch einmal deutlich, nicht auf diese Weise enden zu wollen. Wir Menschen hatten es verdient zu leben. Nie zuvor hatten wir solche Chancen, alles zu machen, was wir wollten. Jeder Idiot konnte sich Videos im Internet anschauen und irgendwelche Dinge lernen. Es gab für fast alles jemanden, der es schon geschafft hatte. Man musste es ihm nur nachmachen.

Klar würde ich in meinem Alter kein Profifußballer mehr werden, der Zug war abgefahren. Doch schreiben konnte ich, schreiben mochte ich und wieso nicht?

Mit dem Gedanken daran setzte ich mich zu Hause wieder an die Schreibmaschine und haute in die Tasten. Während meine Mutter krank war, konnte ich durch das Schreiben viel verarbeiten. Es war eine Möglichkeit, meine Emotionen zu kanalisieren. Gleichzeitig sollte mein Leben in Ehren meiner Mutter vollkommen gelebt werden.

Ich hatte schon einige Geschichten geschrieben, es war ein ganzer Stapel, den ich für gut befand. Bald würde es Zeit, diese Hugo, dem Antiquitätenhändler, einmal vorzuführen.

Einige weitere Tage vergingen. Ich kümmerte mich nur um das Schreiben. An einem Mittwochvormittag war es dann so weit: Ich hatte mehrere Monate Geschichten geschrieben und hatte das Gefühl, man könnte einen ersten Anlauf wagen.

Da klopfte es an der Tür. Ich hatte eine Vorahnung, wer es sein könnte. Dabei hatte ich ihn Monate nicht mehr gesehen.

Bevor ich wusste, wer es war, stieg Wut in mir auf. Irgendwie hatte ich mich auf Zine verlassen, dass er für mich da ist. Das war er aber nicht. Er ließ mich in der schlimmsten Phase meines Lebens alleine. Ich ging davon aus, ich hätte eine Art von Anspruch auf seinen Beistand.

Als ich die Tür öffnete, war ich leicht enttäuscht. Es waren nur zwei Männer, die Spenden für irgendeine Rentenkasse sammelten. Ich lehnte dankend ab.

Meine Gedanken kreisten: Wo ist Zine? Was macht er? Wieso lässt er sich nicht mehr blicken?

Er war in der kurzen Zeit zu einem Freund geworden, vor der Krankheit meiner Mutter. Auch wenn ich ihn kaum kannte, so gab mir keiner so viel Mut und Stärke wie Zine es tat. Niemand glaubte an mich bis auf diesen fremden Mann aus dem Bus.

Den Stapel Blätter eingepackt, machte ich mich auf den Weg in die Stadt. Die Kinder im Bus kreischten, die Wolken am Himmel verdeckten die Sonne, doch nichts konnte meine gute Laune gerade zerstören. Ich war voll im Tunnel. Meine ersten Geschichten würde ich einer Person zeigen und sie würden einschlagen wie die Bombe, dachte ich zumindest. Dass es ganz anders kommen würde, daran hatte ich überhaupt nicht gedacht.

Im Antiquitätenladen angekommen, öffnete mir ein jüngerer Mann die Tür. Ich fragte nach Hugo, doch dieser schien nicht da zu sein.

„Hugo ist nicht da, ich vertrete ihn für einige Zeit hier im Laden, wie kann ich dir helfen?“ fragte der junge Mann. Er schien genervt zu sein, als hätte er keine Lust Hugo zu vertreten. Für einen Antiquitätenladen war er etwas unpassend gekleidet. Helles Hemd, dunkle Krawatte und über dem Schreibtischstuhl hing ein Sakko. Er schien eher der Businesstyp von der Wallstreet zu sein als Künstler und Antiquitätenhändler.

Ich antwortete: „Wann ist Hugo denn wieder da?“

„Keine Ahnung, aber irgendwie hält der Alte an diesem Müllhaufen hier fest und ich darf's ausbaden. Was willst du von ihm?"

„Er sagte mir, ich solle ihm meine Geschichten zeigen, wenn sie fertig sind."

„Aha. Ja, gib mal her."

Voller Stolz überreichte ich ihm die Blätter.

Er sagte: „Ich les' mir mal ein paar Blätter durch, nimm da hinten Platz, nimm dir einen Kaffee oder so."

Da saß ich nun, trank meinen Kaffee und wartete auf das Urteil des Wallstreetheinis. Was ihm wohl am besten gefiele, wieviel Geld ich damit machen würde und ob es direkt Bestseller werden würden. Fragen über Fragen.

Nach einer Stunde war es soweit. Er kam mit dem Stapel zu mir, setzte sich mir gegenüber und fragte mich: „Wo hast du den Mist denn ausgekramt?"

Mein Lächeln verschwand von einer Sekunde auf die Nächste.

Verwundert fragte ich ihn: „Wie meinst du das?"

„Ja, so einen Scheiß liest doch keiner. Da passiert rein gar nichts. Wie kamst du denn auf so einen Mist? Am besten du nimmst den ganzen Haufen, wirfst ihn in den Müll und suchst dir ein anderes Hobby."

Bääääm. Der hatte gesessen. Empathie? Fehlanzeige. Schlag in die Fresse. Ich bekam kein Wort mehr heraus.

Der freundliche Herr fügte hinzu: „Am besten du überlegst dir vorher was du für einen Müll hier hinbringst, bevor du mir meine Zeit stiehlst."

Ich verließ den Laden, murmelte: „Verdammter Bastard…" und von einem Moment auf den nächsten war der schöne Tag zu einem der schlimmeren Tage geworden, herrlich.

Auf dem Weg nach Hause war ich wütend und erschlagen. Wie konnte jemand so etwas sagen? Ich hatte viel Arbeit reingesteckt und ohne große Mühe zerstörte dieser Typ alles. War es vielleicht wirklich Müll? War ich möglicherweise gar nicht in der Lage etwas Großartiges beim Schreiben zu produzieren?

Vielleicht wäre ich besser beraten gewesen, es einfach sein zu lassen. Meine nächste Überlegung war, mich wieder für einen Job zu bewerben. Vielleicht wäre der neue Job ja gar nicht so übel.

Zu Hause angekommen warf ich meine Sachen in die Ecke und schlug die Hände über den Kopf zusammen. Ich brüllte vor mich hin: „AAAAAAHHHH!! MONATE EINFACH UMSONST! FUCK!“.

Das Schreien gab mir ein Gefühl der Erleichterung. Als ich mich auf‘s Bett warf, klopfte es an der Tür. Es war doch nicht etwa? Nein, quatsch, niemals. Doch er war es. Zine stand vor mir.

Als er hereinkam fragte er: „Wie geht’s dir?“

Ich erwiderte: „Gut, danke und selbst? Wo hast du dich so herumgetrieben die ganze Zeit?“

Er grinste: „Ach, das tut nichts zur Sache. Viel wichtiger ist, wie weit bist du mit dem Schreiben? Warst du schon mal bei Hugo?“

„Ja.“ Antwortete ich, während mein Kopf sich senkte. „Anscheinend bring ich’s einfach nicht. Ein Freund von Hugo, der ihn vertritt, hat es sich angeguckt und für Müll befunden.“

„Hmm. Vielleicht ist es ja Müll.“

Ich war leicht verdutzt, da ich mit dieser Antwort nicht gerechnet hatte und fragte: „Wie? Biste jetzt auch der Meinung ich sollte was anderes machen? Du hast mir doch dazu geraten!“

„Kommt drauf an. Zu allererst: Niemand hat dich dazu gezwungen. Deine Handlungen, dein Schicksal, also schieb‘s nicht auf andere, das lässt dich nur schwach wirken. Dann: Glaubst du, dass es Müll ist? Glaubst du, dass du nur Müll fabriziert hast oder hast du deine Seele, deine Emotionen, Schweiß und Tränen in diese Arbeit investiert?“

„Eher zweiteres.“ Antwortete ich.

„Dann ist doch gut. Somit kann es kein Müll sein. Wenn du eine Sache mit 101% angegangen bist, dann sei zufrieden. Solang du weißt, dass du alles gegeben hast, kannst du nicht mehr machen. Ich meine, wie kann man mehr geben als alles?“

„Ein Löwe des Lebens gibt immer 101%, so

braucht er nie an sich zu zweifeln.“

Ich glaubte wirklich, alles gegeben zu haben. Nächte hatte ich durchgearbeitet, mich von der Zivilisation entfernt, einfach nur geschrieben. Ich sagte: „Das stimmt, ich weiß nicht, wie ich hätte mehr geben können. Aber wie kann es sein, dass Leute es dann für Müll halten? Habe ich kein Talent?“

„Ohh Jim.“ Zine lachte laut los. „Zum einen, du wirst auf deinem Weg zum Erfolg mehr Abweisungen und Rückschläge kassieren, als du dir jemals vorstellen kannst. Das gehört dazu. Find‘ dich damit ab.“

„Ein Löwe des Lebens lässt sich von einem Rückschlag nicht aufhalten.“

„Meistens sind es irgendwelche begrenzt denkenden Schafe, die sich nicht vorstellen können, dass mehr geht als Durchschnitt.“

Ich überlegte kurz, hielt inne und sagte: „Trotzdem fühlt es sich hart an. Ich kann doch nicht einfach so weitermachen, nachdem mir jemand gesagt hat, ich könne es nicht.“

„Hör mal zu.“ Zine schaute mir tief in die Augen und sprach: „Wenn du nicht an dich glaubst, tut es keiner. Nur du selbst hast es in der Hand. Dass Leute sagen, dein Zeug ist Müll und du bist ein Taugenichts, das ist den größten Persönlichkeiten auf der Welt schon passiert!“ Zine lachte laut.

„Kannst du dir vorstellen, wie Bill Gates sagt, dass Internet sei nur ein Hype? Wie Henry Ford behauptet, Autos seien nur eine Modeerscheinung? Wie jemand den Beatles sagt, ihre Musik tauge nichts und Gitarrenmusik ist sowieso out? Wie jemand zu Walt Disney sagen konnte, er wäre nicht kreativ genug und es gäbe kein Publikum für sprechende Comic-Tiere? Die Liste könnte ich noch stundenlang fortführen. Stell dir doch einmal vor, alle diese Menschen hätten aufgegeben und nicht an ihren Traum geglaubt, wo wären sie jetzt? Wahrscheinlich in irgendeinem Job und ihre Ideen hätten unser Leben nie bereichert.“

Irgendwo hatte er Recht. Was wäre, wenn diese Menschen alle aufgegeben hätten, als keiner an sie glaubt? Die einzige Person, die an sie geglaubt hatte, waren sie selbst. Sie selbst waren von sich überzeugt und das mit Recht.

Doch war ich von mir überzeugt? War ich von meinen Fähigkeiten überzeugt? Glaubte ich an mich?

Zine fragte mich: „Glaubst du, es gibt auf der Welt eine einzige Person, die deine Texte kaufen würde?"

Ich nickte. Klar, es müsste doch eine einzige Person geben, die meine Texte kaufen würde. Das würde doch nicht allzu schwer sein.

„Gut. Dann glaubst du an dich. Immerhin scheinst du ja zu glauben, dass es sich verkauft. Und wenn es eine Person kauft, wieso sollen es nicht 100 kaufen? Oder 1000? Oder 10.000? Vielleicht auch 1.000.000?"

Ich lachte: „Ja klar, 1 Mio. Als ob das möglich wäre."

Zine wurde todesernst, schaute mich wieder an und sagte: „Es gibt ein Sprichwort: Alle sagten, es geht nicht. Da kam einer, der wusste dies nicht und machte es einfach."

Ich überlegte. Irgendwo hatte ich das schon einmal gehört. Da fiel es mir ein: „Klingt nach der Story mit den Fröschen."

„Richtig. Die Kernaussage ist dieselbe. Woher willst du denn wissen, dass es für dich nicht möglich ist 1.000.000 Exemplare zu verkaufen, ohne es jemals versucht zu haben? Klar, ich behaupte nicht, alles ist rosarot und du kannst der beste Basketballer auf der Welt werden, wenn du 1,50 groß bist. Doch Schriftsteller werden? Erfolgreicher Schriftsteller? Why not? In erster Linie wird es um die harte Arbeit gehen. Tägliches Schreiben."

„Ein Löwe des Lebens weiß, dass Talent keine allzu große Rolle spielt."

„In der Realität ist derjenige erfolgreicher, der mehr investiert. Mehr Herz, mehr Seele, mehr Lebenszeit. Du kannst noch so viel Talent haben. Von nichts, kommt nichts. Das ist dasselbe wie mit deiner Fitnessstudiomitgliedschaft. Du kannst noch so viel dafür zahlen und das Equipment kann das Beste auf der ganzen Welt sein. Wenn du nicht hingehst, bringt es dir rein gar nichts."

Er machte kurz eine Pause. „Weißt du, ab wann man ein Meister seines Faches wird?"

„Hmm, keine Ahnung. Nach 2-3 Jahren?"

„Weit gefehlt, mein Freund. 10.000 Stunden. Wenn du die magische Grenze von 10.000 Stunden knackst, dann bist du ein Meister deines Faches. Grob kann man behaupten, 10 Jahre."

„Krass. Zehn Jahre?! Da bin ich aber dann mittlerweile 40 Jahre alt! Ich kann doch nicht 10 Jahre mit Schreiben verbringen, bevor ich meisterhaft in etwas werde."

„Wieso nicht? Es heißt ja nicht, dass du vorher keinen Erfolg hast." Sagte Zine

„Ja klar, aber zehn fucking Jahre?!"

„Ich frage dich eine Sache, die die meisten Menschen anscheinend nicht verstehen. Wie alt bist du, wenn du zehn Jahre lang etwas anderes machst?"

Leicht irritiert antwortete ich: „Ebenfalls 40."

„Siehst du. Es ist doch vollkommen egal, was du machst. In zehn Jahren bist du auf jeden Fall 40 Jahre alt. Du kannst dir nur aussuchen, ob du in zehn Jahren meisterhaft im Schreiben bist und Stunden über Stunden in deine Leidenschaft steckst, oder in zehn Jahren, genau an derselben Stelle stehst, wie heute."

Es machte erstaunlich viel Sinn, wie er es sagte. Die Zeit würde so oder so vergehen. Ich würde so oder so 40 Jahre alt werden. Nur könnte ich mit 40 theoretisch ein Meister meines Faches sein.

„Ok, ich verstehe was du meinst. Macht Sinn."

„Die jungen, erfolgreichen Menschen haben meistens mit ihrer Leidenschaft schon im Kindesalter angefangen. Ob dies nun gut oder schlecht ist, sei eine andere Frage. Aber diese Menschen, wie ein Mozart, ein Tiger Woods, ein Beckenbauer, ein Roger Federer, hatten alle schon im jungen Erwachsenenalter ihre 10.000 Stunden voll. Keine 10.000

Stunden reiner banaler Wiederholungen. Nein, 10.000 Stunden bewussten Lernens. Ob es bei dir 10.000, 5.000 oder 20.000 werden, wer weiß das schon. Aber eines ist sicher, du wirst unglaubliche Verbesserungen erzielen können. Natürlich ist Talent notwendig, aber wenn ich mir die Seiten hier so anschaue, ein gewisses Talent ist da."

Ich dachte darüber nach, dass man oft vergisst, wieviel diese Menschen an der Spitze geopfert haben. Viele von ihnen hatten kaum eine Kindheit, weil alles für den Sport, für die Leidenschaft, draufging. Ob das sinnvoll war? Wer wusste das schon. Vielleicht konnte ich mich sogar glücklich schätzen. Ich war noch jung und mit 40 ein Meister meines Faches zu werden, schienen keinen üblen Aussichten zu sein.

Zine klopfte mir auf die Schulter, zeigte auf den Stapel Papier, den ich in die Ecke geworfen hatte und machte sich auf den Weg. „Wie wäre es, wenn du jeden Stein umdrehst, um deine Geschichten an den Mann zu bringen? Es gibt niemals nur eine Option, du musst nur genau hinschauen."

Ich sammelte die Blätter auf und sortierte sie neu, was mich einige Zeit kostete. Jeden Stein umdrehen? Wie könnte ich das angehen? Mir kam eine Idee.

Eine Option wäre, mir 100 verschiedene Verleger herauszusuchen und jedem von diesen ein Exemplar zu senden. Wenn nur 1% mir eine positive Antwort geben würde, wäre das ein riesiger Erfolg. Also machte ich mich daran, Verleger zu finden. Ich suchte und suchte und suchte und fand genügend. Das Internet war voll davon. Schnell hatte ich meine 100 zusammen, naja, was hieß schnell. Es dauerte sicherlich an die zehn Stunden, aber die Zeit flog.

Doch wie sollte ich meine Texte an den Mann bringen? Ich konnte ja kaum einen Brief senden, heutzutage ging alles per Email.

Da fiel es mir wie Schuppen von den Augen: Ich durfte den ganzen Text noch einmal auf PC abtippen. FUUUUUUUUUUCK!

Meine Müdigkeit übermannte mich und ich holte mir

meinen wohlverdienten Schlaf. Morgen war auch noch ein Tag. Zeit fürs Abtippen hatte ich genug. Nachdem ich mich für‘s Schlafen fertiggemacht hatte, schaute ich abschließend auf mein Handy und sah eine Nachricht von Marie:

„Hey Jim, wie geht’s dir? Wir haben uns länger nicht mehr gesehen, ist alles gut bei dir?“

Ich antwortete ihr, schlug ihr ein Treffen vor und ging schlafen. „Schon eine Süße“ dachte ich mir.

Doch irgendwie waren mir diese seltenen Treffen zu wenig. Sie war zu oft auf Reisen für meinen Geschmack. Wir sahen uns so selten, dass es kaum Spaß machte. Klar, die Treffen waren wunderschön und der Sex war unglaublich, aber irgendwie war es schwer, eine wirklich tiefe Beziehung zu ihr aufzubauen.

Möglicherweise war es aber auch besser so. Meine letzte Freundin hatte ich fast jeden Tag gesehen und nach einiger Zeit kotzte mich ihr Anblick nur noch an. Ich meine, ich hatte sie aufm Pott gesehen, beim Schlafen, beim Furtzen, bei einfach allem. Es gab keine Magie mehr zwischen uns. Keine Geheimnisse. Irgendwann schlug der Alltag ein und überrollte uns. Wahrscheinlich war auch das eine Ursache für das Ende. Die Spannung war einfach weg.

Mit ein paar feuchtfröhlichen Gedanken an Marie schlief ich ein.

18 WOCHEN UND MONATE

Die Tage flossen mir durch die Hände wie warmer Sand. Alles zog wie ein Zeitraffer an mir vorbei.

Wie es mir ging? Ernüchternd. Keine einzige positive Antwort von irgendeinem der Verleger. Ich fiel in ein Loch und schottete mich ab. Marie antwortete ich kaum und wenn, dann war sie gerade unterwegs. Sam war auf Reisen. Er suchte Abstand in der Ferne. Er hatte sich einem Kloster angeschlossen, um seine spirituelle Seite auszuleben. Meine anderen Freunde bekam ich kaum zu Gesicht. Von Zine hatte ich nur geträumt, aber er war wieder verschollen. Vor die Tür kam ich kaum noch. Ich sah keinen Grund.

Doch an diesem Tag raffte ich mich auf und schlenderte durch die Gegend. Meine Gedanken kreisten in einem Ausmaß, dass ich nicht zur Ruhe kam. Ich ging in den Park, um die Natur wirken zu lassen.

In der Ferne sah ich einen Mann, der mir bekannt vorkam. Es war Hugo.

„Fuck" dachte ich. Ich rannte zu ihm hin. „Hey Hugo!". Er grüßte zurück. Ich fragte ihn, wie es ihm ging. „Gut, mein Junge. Wie soll es einem alten Mann wie mir schon gehen? Ich genieße die Jahre, die mir bleiben. Wie kommst du mit deinem

Buch voran?"

„Ich bin fertig, finde aber keinen Verleger." Sagte ich etwas enttäuscht.

„Wieso bist du nicht zu mir in den Laden gekommen?" fragte er.

Ich erklärte ihm, dass ich dort war und wieder weggeschickt wurde. Er fing an zu lachen, dabei zogen seine Schultern mit jedem Lachen in die Höhe. „Ach, darauf kannst du nicht viel geben. Das war mein Sohn. Er hat es nicht so mit Büchern. Komm einfach morgen noch einmal vorbei, ich schau es mir an."

Wir quatschten ein wenig und dann gingen wir unserer Wege. Ich hatte wieder Hoffnung.

Am nächsten Tag stand ich um 9:00 Uhr vor Hugos Tür, mit dem Skript in meiner Hand. Hugo stand bereits in seinem Laden und räumte einige Sachen hin und her. Ich merkte ihm an, dass es mehr ein Hobby war als sein Beruf. Der Laden schien sein kleines eigenes Projekt zu sein. Als er mich im Augenwinkel wahrnahm, lächelte er mich mit seinem bärtigen Gesicht an und wirkte wie der nette Onkel von nebenan. Hugo war einer dieser Menschen, dem ich ohne Bedenken meine Kinder anvertrauen würde. Wie der liebe Opa, der im Schaukelstuhl vor dem Kamin sitzt und Geschichten erzählt, während die Kinder ihm aufgeregt lauschten. Er hatte diesen Weihnachtsmannflair.

Hugo machte mir die Tür auf, begrüßte mich und bat mich rein.

„Wie geht es dir, Jim? Hast du gut hergefunden?"

„Mir geht es gut, danke. Ja, ich schlendre vor Aufregung schon seit einer Stunde hier durch die Gegend. Wie geht es dir Hugo?

„Ich genieße den wunderschönen Tag, Jim. Dann gib mir mal dein Skript und ich schaue es mir an. Wenn du Lust hast, kannst du dir da einen Kaffee machen und dich hinten auf die Couch setzen. Das dauert ein Weilchen. Ich werde es einmal überfliegen."

„Ich danke dir, Hugo. Lass dir alle Zeit der Welt." Sagte ich und ging in Richtung Kaffeemaschine. „Möchtest du auch einen Kaffee, Hugo?"

„Nein, danke." Antwortete er.

Während ich mir einen Kaffee machte, dachte ich über Hugo nach. Er betrieb diesen kleinen Laden, hatte schon einige Jahre auf dem Buckel und obwohl für Außenstehende sein Leben uninteressant klingen mochte, er hatte eine unglaubliche Lebensfreude im Gesicht. Dieses Feuer, welches mir schon beim ersten Mal auffiel. Mittlerweile glaubte ich tatsächlich, dass die Freude und unser Glück im Leben wesentlich wichtiger waren als das verdiente Geld.

Ich setzte mich auf die Coach und dachte nach.

Die Menschen richteten alles in ihren Handlungen auf Geld aus. Sie verkauften sich täglich. Machten Dinge, die sie hassten. War Geld denn wirklich alles? War Geld so viel wert, dass wir unsere Seele verkaufen mussten? Ich habe sie alle gesehen. Die ganzen Promis mit ihrem Geld, all dem Druck und der Aufmerksamkeit. Wie viele von ihnen gingen daran kaputt? Wie viele von ihnen merkten, dass ein Leben mit weniger Geld und Aufmerksamkeit wesentlich schöner gewesen wäre?

Früher wollte ich immer berühmt werden. Den Fame fand ich cool. Einen Haufen Bestätigung brachte Fame mit sich. Menschen, die deinen Namen schreien, Autogramme wollen und Groupies an jeder Ecke. Aber schaute ich mir das Phänomen genau an, dann wurde eines klar: Diese Menschen mussten unfassbar einsam sein. Man wird auf das reduziert, wofür man berühmt ist. Die Menschen sind nicht mehr menschlich zu einem. Jeder will etwas von dir, ohne den Menschen in dir zu achten, weil alle das Geld und den Fame sehen. Jeder will einen Teil des Kuchens. Ich glaubte wirklich, dass die meisten der berühmten Menschen vieles für ihre Ruhe geben würden. Irgendwie taten mir die Justin Biebers dieser Welt leid. Meinerseits kam ohne all den Trubel ja kaum mit dem Leben klar. Dann werden 18-Jährige berühmt, baden in Kohle und werden von allen Seiten voller Druck misshandelt. Irgendwann drehte man doch zwangsläufig am Rad.

Unsereins verdrehte sich hier in seinem Loch so weit Richtung Geld und Status, dass die meisten ihren Arm opfern würden um Ferrari zu fahren. Ich liebte Ferraris, in diesem wunderschönen La Ferrari Rot. Doch war es am Ende des Tages nicht auch ein Stück Metall, welches irgendwann kaputtging? Doch jedem wurde gezeigt, dass die Schönen und Reichen genau das fahren. Und wenn du Teil davon sein wolltest, dann brauchst du einen. Exklusivität. Du warst nun etwas Besonderes. Etwas Besseres.

Was ein Quatsch! In uns steckte doch so viel Besonderes. Jeder hat eine Geschichte, die es wert ist, erzählt zu werden. Doch die meisten unter uns haben gar nicht das Gefühl, dass ihre Lebensgeschichte irgendeinen Wert hatte. Selbst wenn unsere Lebensgeschichte keinen Wert hatte, wieso fingen wir nicht einfach an eine zu schreiben, die einen hat?

Wir lebten als Unbekannte und gingen als Unbekannte. In der Zwischenzeit hatten wir uns für andere den Arsch aufgerissen, um am Ende des Tages unsere Kinder, Frauen und Männer zu vernachlässigen. Trotzdem redeten wir uns ein, es für die Familie zu tun.

Aber warum sind wir Menschen so auf Geld fixiert? Tief in mir glaubte ich mittlerweile, dass wir rein gar nichts von dem brauchten, was uns in den Medien angepriesen wurde. Da haben sich Industrien gebildet. Industrien, die davon lebten, dass wir uns schlecht fühlten. Industrien, die uns einredeten, wir wären nicht vollständig.

Die Industrie erzählte den Frauen, sie seien nicht schön genug und bräuchten Makeup. Wir Männer seien zu dick und bräuchten dieses und jenes Produkt. Wir hätten nicht den Status, aber mit diesem Auto schon. Tag für Tag wird uns suggeriert, wir seien nicht gut genug und am Ende des Tages sind wir abhängig von Produkten und dadurch abhängig von dem Geld.

Während ich so dasaß und meine Gedanken über das liebe Geld fortführte, kam der Sohn von Hugo herein. Der Sohn erkannte mich sofort und fragte genervt: „Was machst du denn schon wieder hier?“.

Gerade als ich versuchte zu antworten, nahm Hugo seinen Sohn beiseite und ich hörte sie reden.

Hugo zu seinem Sohn: „Mein Junge, auf diese Weise begrüßt man keine Gäste."

„Aber Pa…"

„Nein. Das geht nicht. Egal was ist. Selbst wenn dich Menschen beleidigen, dir weh tun, behalte dir immer Achtung bei."

Dieser Satz hatte Wirkung bei mir, obwohl er eigentlich gar nicht an mich gerichtet war. Achtung zu behalten, in jeglicher Situation steht auch dafür, seine Seele nicht zu verkaufen. Zu sich selbst zu stehen.

„Ein Löwe des Lebens behält in jeder Situation die Achtung bei."

Aber das Gespräch ging weiter. Leider konnte ich nicht alles verstehen. Das was ich verstand, schockierte mich aber. Der Sohn sprach davon, dass Hugo krank sei und sich ausruhen sollte. Jetzt verstand ich, wieso der Sohn so schlecht drauf war. Ich hatte den Fehler begangen und geglaubt, die schlechte Laune sei aus meinem Grund entstanden. Aber anscheinend steckt mehr dahinter. Es steckt so oft mehr dahinter. Wieso beziehen wir Menschen alles immer auf uns, wenn uns jemand schlecht gestimmt ist?

Doch meine Gedanken kreisten um ein anderes Thema. Was hatte Hugo? Ich war neugierig. Der Sohn verließ etwas wütend der Laden. Ich wollte ihm die Hand geben, aber er ging schnurstracks an mir vorbei. Es schien, als wären seine Augen am tränen. Ich wusste nicht wirklich, was ich in dieser Situation machen sollte. Hugo kam zu mir und setzte sich neben mich.

„Mein Junge…" fing er an „Deine Geschichten sind schön geschrieben. Ich merke, du hast viel deiner Seele auf diesem Papier gelassen. Das ist das Wichtigste, wenn es darum geht, deine Arbeit zu machen. Wir müssen immer unsere Seele in unserer Arbeit zum Ausdruck bringen. Doch natürlich sind deine Geschichten nicht perfekt. Das erwarte ich aber auch nicht. Ich vermute, es sind deine ersten Werke. Hier und da muss etwas geändert werden. Ein alter Freund von mir besitzt einen Verlag. Ich werde sehen, was ich für dich tun kann. Erwarte jedoch nicht allzu viel, da in diesem Geschäft der verdiente Taler eher klein ist. Wichtig: Bleib dran, wenn es deine Leidenschaft ist. Produziere nicht des Geldes wegen, sondern aufgrund der Leidenschaft. Auf diese Weise wird das Geld irgendwann ganz automatisch in deine Richtung fließen."

Ich bedankte mich, wir quatschten etwas über einige Stellen, die überarbeitet werden mussten. Irgendwann warf ich folgende Frage ein:

„Hugo, ich möchte nicht unhöflich sein… Aber ich habe gehört, du bist krank. Geht es dir einigermaßen gut? Es ist hoffentlich nichts Schlimmes."

Hugo machte eine kleine Pause. Dann sagte er: „Ich habe Krebs.".

Totenstille. Ich wusste nicht, was ich sagen sollte. Meine Mutter starb an Krebs, er hatte es auch. Anscheinend stirbt jeder irgendwann an Krebs. Ich war schockiert. Doch Hugo sah so… so unberührt aus. Als würde es ihm vollkommen am Arsch vorbeigehen.

Er fuhr fort: „Mein Sohn war gerade hier, weil er andauernd versucht, mich von der Chemo zu überzeugen. Aber ich werde keine Chemo in Angriff nehmen. Weißt du, ich habe mittlerweile einige Zeit gelebt und hatte eine wirklich schöne Zeit. Ich lebe noch heute jeden Tag mit voller Zufriedenheit. Irgendwann in meinem Leben holt mich der Tod. Ich werde das nicht künstlich in die Länge ziehen. Was bringt es mir, mich durch eine Chemo zu quälen und für Monate nicht mal mehr in der Lage zu sein, aus meinem Bett aufzustehen? Nein, nicht mit mir. Wenn der Tod mich holt, dann trete ich in Ehren ab. Nicht wie der Großteil der Menschheit. Alle rennen jahrelang dem Geld hinterher und wenn sie dann abtreten müssen, versuchen sie all das gewonnene Geld gegen ihre verlorene Lebenszeit einzutauschen. Total verzweifelt, werden gläubig und tun alles, für ein paar mehr Monate. Ich habe den Fehler zum Glück nicht begangen und habe gelebt. Mein Junge, wenn ich dir eines raten darf: Vergeude keine Minute in deinem Leben. Der Tod kommt schneller als dir lieb ist. Wenn er erstmal da ist, dann bereust du all die Dinge, die du nie angegangen bist."

Mir verschlug es die Sprache. Was Hugo sagte, war ein Stich in mein Herz. Dieser Mann schien sein Leben gelebt zu haben. Aber viel mehr berührte mich seine Stärke, dem Tod ins Auge zu sehen und zu sagen:

„Ok, mein lieber Freund, endlich treffen wir uns mal persönlich. Ich habe dir einiges zu erzählen."

Dieser Mann hatte seine Geschichten geschrieben. Die Geschichten des Lebens.

Wir quatschten noch einige Stunden. Er erzählte mir Geschichten aus seinem Leben. Wie er den Mount Everest bestieg, als es noch keine Tourismusattraktion war. Er erzählte mir aus der Zeit, als er im Sudan über die Grenzen fliehen musste, weil sie kein Visum hatten. Er erzählte mir von einem Unfall mit dem Surfbrett in Australien, als ein Hai ihn mit seinem Biss streifte. Sein Leben war unglaublich. Ich bemerkte, was auf der Welt für Optionen herrschten. Immer und immer mehr verstand ich, dass dieser Mann der Inbegriff von Leben war. Deswegen kannten Zine und er sich wahrscheinlich auch.

Bevor ich ging, fragte ich ihn eine Sache: „Hattest du keine Angst, all diese Sachen zu machen?"

Hugo lachte laut. „Mein Junge, ich habe mir jedes Mal auf's Neue in die Hose geschissen. Doch darum geht's im Leben. All diese Geschichten hätte ich nicht geschrieben, wenn ich meiner Angst nachgegeben hätte. Das was hinter der Angst liegt, ist das wirklich Schöne im Leben."

Mit diesen Worten verabschiedeten wir uns. Ich drückte ihn, er drückte mich. Mir kamen Tränen in die Augen. Ich hatte das Gefühl, es war das letzte Mal, dass ich Hugo in die Augen schauen konnte.

19 TAG DES ABSCHIEDES

Einige Wochen vergingen. Ich wartete hoffnungsvoll auf eine Meldung bezüglich meiner Geschichten. Ich entschied mich, spazieren zu gehen. Den Kopf freizubekommen. In den letzten Wochen war mir einiges bewusstgeworden. Marie hatte ich lange Zeit nicht mehr gesehen und mir war klar, dass dieses Leben nichts für mich war. Eine Person ein einziges Mal im Monat zu sehen, verhalf unserer Beziehung nicht auf die gewünschte Ebene. Somit stand ich vor der Entscheidung, das Ganze zu beenden. Ich wollte nicht wieder diese Beziehung führen, in der ich abserviert werden würde, weil ich die Angst hatte, alleine zu sein.

Erstaunlicherweise genoss ich das Alleinsein extrem. Mir fiel auf, dass die Menschen in meinen Geschichten, die ich schrieb meist so viel interessanter waren als die Menschen im echten Leben. Keiner war in der Lage zu verstehen, dass das Schule-Ausbildung-Arbeit-Rente-Tod-System nicht das Wahre sein konnte. Ich erntete jedes Mal, wenn ich das Thema ansprach, wertende Blicke. Die Menschen waren noch nicht bereit dafür.

Wenn die Frage aufkam: „Was sind deine Träume?“ hatten die Wenigsten eine Antwort parat und wenn, dann immer eine Ausrede.

Während ich durch den Park schlenderte, genoss ich das Wetter. Umso mehr ich über Marie nachdachte, desto eher wurde mir bewusst, dass ich es beenden musste. Wir hatten eine schöne Zeit, aber alles endet einmal und unsere Lebensstile passten meiner Meinung nach nicht zueinander. Wir teilten andere Werte. Ihr reichte es, sich einmal im Monat zu sehen. Ich war jedoch einer der Sorte ‚Ganz oder gar nicht'. Ich konnte keine halben Sachen machen. Wollte Marie aber auch nicht hintergehen, das hatte sie nicht verdient. Als ich darüber nachdachte, musste ich lachen.

Wer hätte auch gedacht, dass ich in die Situation komme, mit einer hübschen Frau Schluss zu machen?

Gleichzeitig fingen die Gedankengänge meines schwachen Ichs wieder an laut zu werden:

„Du findest keine Frau mehr, die so hübsch ist.. Du wirst alleine sterben… Dich will doch eh niemand sonst…". Ich hörte mir die Stimmen in meinem Kopf an und fing an zu grinsen. „Ok" dachte ich und die Stimmen wurden leise.

Langsamen Schrittes bewegte ich mich auf eine Bank zu und setzte mich. Plötzlich klingelte mein Handy, Nummer unbekannt. Ich hob ab:

„Jim hier." Sagte ich mit einer etwas fragenden Tonlage.

Eine unsichere, weinerliche Stimme antwortete mir: „Hi… Hier ist Marcel. Der Sohn von Hugo. Mein Vater ist vorgestern von uns gegangen. Er sprach davon, dass ich dich zu seiner Beerdigung einladen soll. Diese ist am …"

Ich war geschockt. So früh? Vor einigen Wochen ging es Hugo noch gut. Wieder einmal hatte mein Gefühl sich bestätigt. Ich wusste nicht wieso, aber Intuition verriet einem alles. Man musste nur auf sie hören. Natürlich sprach ich mein Beileid aus und sagte zu.

Die zweite Beerdigung des Jahres. Komisches Jahr dachte ich. Es waren so viele Höhen, aber auch Tiefpunkte vorhanden, dass ich es kaum unter gut oder schlecht einordnen konnte. Ich verweilte auf der Bank und dachte darüber nach, wie Marcel sich fühlte. Ich kannte das Gefühl vor kurzem noch zu gut. Machtlosigkeit, Trauer, Wut, Schmerz ergaben einen

Cocktail an Gefühlen, der einen umbringen konnte.

Wenn Zine nicht da gewesen wäre, wer weiß wie ich mein Leben weitergelebt hätte. Vielleicht auch gar nicht. Ausschließen konnte ich nichts. Ich vermisste den Mann und fragte mich, wo er wohl gerade war und was er machte. Dieses mysteriöse Spiel beherrschte er wie kein anderer. Mal da, mal weg, mal da. Niemand kannte ihn. Langsam überkam mich das Gefühl, es war alles nur ein Hirngespinst meinerseits, ein riesengroßer Traum.

In der heutigen Zeit konnte niemand so leicht vom Radar verschwinden. Es gab immer irgendetwas über irgendwen im Internet zu finden. Selbst mein Handy sammelte wahrscheinlich gerade in dem Moment Daten darüber, wo ich mich aufhielt und sendete sie an irgendwen. Niemand war unbeobachtet. Wie schaffte es Zine andauernd von der Erde zu verschwinden?

Während ich so darüber nachdachte, bemerkte ich eins: der Tod von Hugo ging mir nicht allzu nah. Aber wieso? Meine Vermutung war folgende: entweder Hugo war mir egal. Doch das war er nicht. Oder weil Hugo sein Leben gelebt hatte. Er schien ohne Reue zu sterben. Wie konnte man traurig darüber sein, dass dieser Mensch starb?

Er war das Sinnbild für ein gelebtes Leben. Wenn jemand in Ehren abtreten konnte, dann dieser Mann. Aus diesem Grund verspürte ich keine Trauer. Ich fühlte Stolz. Ich war stolz, jemandem mit solch einem Leben kennengelernt zu haben.

In die Gegend starrend fielen meine Gedanken wieder in Richtung Marie. Ich schrieb ihr eine Nachricht, wann sie von ihrer Geschäftsreise zurückkommen würde. Beim nächsten Treffen musste ich es amtlich machen. Es war beschlossene Sache. Zumindest in meinem Kopf.

Einige Tage später befand ich mich auf der Beerdigung und ich war schockiert. SO VIELE Menschen. Die Beerdigung war ein Auflauf von allen möglichen Personen auf der Welt. Ich habe unter den Besuchern sogar ein paar Prominente ausgemacht. Hugo schien wirklich beliebt gewesen zu sein. Diese Masse war nicht möglich zu zählen. Unter den Menschen befanden sich neben Promis sogar Rocker in ihren Kutten auf der Beerdigung. Dieser Mann hatte überall Freunde. Es hätte mich nicht gewundert, wenn die Queen von England hier aufgetaucht wäre.

Die Zeremonie lief relativ fröhlich ab. Es wurde viel gelacht und Geschichten über Hugo erzählt. Ich dachte daran, dass jeder auf dieser Beerdigung dasselbe Gefühl hatte. Sein Tod war zwar ein riesengroßer Verlust für die Menschheit, aber dieser Mann hatte gelebt. Er ist glücklich von dieser Erde gegangen. Natürlich flossen einige Tränen, aber das gehörte zu einer Beerdigung dazu. Besonders bei Marcel. Während der Beerdigung kam ein älterer Herr auf mich zu, den ich nicht kannte.

„Hi, sind Sie Jim?".

„Ehh ja. Hallo! Und Sie sind?"

„Schön dich kennenzulernen, Jim. Mein Name ist Tom. Hugo hat mir deine Geschichten gegeben, ich bin Verlagsleiter. Er hatte dich ein wenig beschrieben und du entsprichst seiner Beschreibung. Deswegen musste ich dich einmal ansprechen."

„Ach, Hallo, schön dich kennenzulernen Tom. Und wie haben sie dir gefallen? Wobei, sollten wir nicht lieber ein anderes Mal darüber reden." Es überkam mich eine leichte Scham, auf einer Beerdigung über meine eigenen Ziele, über berufliches zu reden. Doch was dann kam, erstaunte mich.

„Ach Jim, kein Problem. Das können wir hier und heute machen. Ich bin ein langjähriger Freund von Hugo und wir haben viel zusammen erlebt. Er hat mir immer gesagt, dass er nicht will, dass auf seiner Beerdigung getrauert wird. Auch wenn man das nicht ganz vermeiden kann. Ich denke, wenn wir über andere Dinge reden, ist seinem Wille Tribut gezollt."

„Wieso wollte er das nicht?" fragte ich.

„Weißt du, Hugo hat sein Leben in einem Ausmaß gelebt, wovon die meisten nur träumen können. Er ist jahrelang ohne Geld um die Welt gereist, hat bei Fremden gepennt, unter Brücken, in afrikanischen Dörfern gelebt und viel, viel mehr.

Er hat mir immer gesagt, dass sein Leben ihm so viel Glück geschenkt hat, dass es da nichts zu bedauern gäbe. Jeder muss einmal abtreten. Er hat alles gemacht, was er sich selbst erträumt hat. In der Blütezeit des Playboys wurde der gute Hugo jedes Jahr zu Heffner in die Mansion eingeladen. Der Mann hat nichts anbrennen lassen. Wenn ich so über sein Leben nachdenke, werde ich doch etwas traurig. Denn von diesen Menschen gibt es nicht viele. Siehst du all die Personen hier? Das interessante ist: Hugo hat immer sein eigenes Ding durchgezogen, nie nach Bestätigung gesucht. Alle haben ihn als verrückt bezeichnet. Ironischerweise hat er gerade dadurch, dass er so sehr er selbst war, so viele Freunde und Bekannte gefunden. Sein Motto war immer: Berühre direkt das Herz deines Gegenübers. Beschäftige dich nicht mit belanglosem Smalltalk, egal wer dir gegenübersteht. Aus diesem Grund erzähle ich dir das auch. Hugo hat mir beigebracht mehr als nur Smalltalk zu führen."

Ich war begeistert. Wie recht Hugo damit hatte. Die Gespräche, die wir im Alltag führen, sind bedeutungslos. Niemand erinnerte sich daran. Das Wetter ist belanglos. Wie gerne hätte ich meine Seele geöffnet und alles einfach mal herausgelassen. Aber ich traute mich nicht. Ich dachte, es wäre unangebracht.

Ich sprach noch einige Zeit mit Tom. Wir verabredeten uns für den folgenden Tag in seinem Büro um einmal persönlich über die Werke zu sprechen. Ich hatte ein gutes Gefühl. Tom schien ein netter Kerl zu sein. Möglicherweise konnte er mir helfen.

Die Beerdigung lief den restlichen Vormittag noch sehr ungewöhnlich ab. Alle Menschen teilten Bilder auf einem großen Beamer, von ihrer Zeit mit Hugo. Es gab Essen, Alkohol und die Laune war wie auf einer Party. So etwas hatte ich in dieser Form noch nicht erlebt. Ich fand es… Genial. Wir feierten letztendlich das Leben von Hugo, wir betrauerten es nicht. Irgendwie steckte in diesen Worten so viel Macht. Sein Leben feiern hatte so viel mehr Ausdruck, als über seinen Abschied zu trauern. Ich nahm mir vor, wenn ich einmal diese

Erde verlasse, sollte es ähnlich stattfinden.

Die Menschen auf der Party waren unglaublich offen. Jeder erzählte sehr persönliche Geschichten von Hugo. Die Beerdigung war mit Abstand die längste meines Lebens. Es ging bis in den späten Abend hinein. Wäre es keine Beerdigung gewesen, hätten die Besucher wahrscheinlich gesagt:

„Müssen wir wiederholen!".

Am Ende des Abends ging ich zu Marcel, der immer noch etwas bedrückt war. Er konnte die Ansichten seines Vaters anscheinend nicht in dem Maße teilen, wie es die anderen taten. Ich fand es verständlich. Immerhin war sein Vater gestorben. Wir sprachen an dem Abend mehrmals. Auch er erzählte mir einige Geschichten seines Vaters. Ein verrückter Typ. Doch Marcel fühlte sich nie zu diesem draufgängerischen Leben hingezogen und so zog er einen „normalen" Bürojob vor. Er war Abteilungsleiter einer Drogeriekette im Versandbereich. Marcel erzählte mir einige Zeit von seinem Job und ich merkte, dass auch er Spaß daran hatte. Auch er hatte das Feuer in den Augen. Für ihn war das Leiten von Personen und das Regeln des reibungslosen Versandes ein Spiel, in dem jedes Zahnrad richtig gesetzt werden muss. Seit ich Zine getroffen hatte, vertrat ich die Ansicht, dass eigentlich nur Selbstständigkeit uns Menschen die Freiheit gibt, die wir suchen. Doch wir Menschen konnten anscheinend auch in „normalen" Jobs unsere Erfüllung finden. Möglicherweise hatte ich einfach den falschen Beruf in meinen jungen Jahren gewählt gehabt?

Wir unterhielten uns noch ein wenig und ich verließ die Beerdigung. Beim Rausgehen stieß ich auf einen Herrn mittleren Alters. Sein Name war Micheal und er war um die 55 Jahre alt. Eigentlich wollte ich mich von der Beerdigung entfernen, doch Micheal war so interessiert in dem, was ich tat, dass er mich mit seinem Interesse fesselte. Jede Person liebt es, wenn sich jemand für sie interessiert.

Michael konnte das anscheinend besonders gut. Als ich ihn nach seinem Beruf fragte, erzählte er mir, dass er

Schulbusfahrer sei. Doch Micheal war anders. Er war nicht nur gewöhnlicher Schulbusfahrer. Er erzählte davon mit solch einer Leidenschaft, dass ich selbst den Wunsch hatte, Busfahrer zu werden…

Micheal sprach davon, dass es nichts Schöneres gab, als jeden Tag das Lächeln der Kinder zu sehen. Jeden Tag spielte er ihnen ein Lied auf seiner Gitarre vor, damit sie einen schönen Tag in der Schule haben. Ich fand es unglaublich. Als ich ihn fragte, wieso er es mache, sagte er: „Wegen Allem, mein Freund. Aber hauptsächlich deswegen, weil ein einziges Lachen eines Kindes dein Leben sein kann…“.

Wo traf Hugo nur all diese Menschen? Ich hatte noch nie in meinem Leben so viele inspirierende Persönlichkeiten getroffen. Es war unglaublich. Jeder hatte anscheinend die Erfüllung seines Lebens in Angriff genommen und gemeistert. War ich ein Teil von dieser „Bewegung“? Ein Teil von diesen Besuchern? Ich wusste es nicht. Ich hoffte es aber insgeheim.

Auf dem Weg nach Hause grübelte ich. Wie konnte ich so Dinge nie sehen? Ich meine, Micheal war der glücklichste Mensch der Welt, dabei war er theoretisch nur Busfahrer. Er verdiente sicher keine Menge an Geld, er hatte sicher keinen luxuriöseren Lebensstandard, aber all das war ihm egal. Für ihn war das Glück von Kindern von wesentlich größerer Bedeutung als irgendeine Zahl auf dem Konto. Ich bewunderte ihn und das Gespräch ließ mich nicht mehr los.

Eine Stimme in meinem Kopf flüsterte mir:

„Ein Löwe des Lebens weiß, dass das Wieso immer wichtiger ist als das Was…“

20 DER VERLAG

Am nächsten Tag fand ich mich in Toms Unternehmen ein. Er war anscheinend nicht nur der Leiter des Verlages, sondern besaß diesen auch. Als ich in das Gebäude eintrat, staunte ich nicht schlecht. Bestimmt 30 Mitarbeiter, die ich auf einen Schlag sah. Dazu eine Einrichtung, die jedem Designerhaus den Schneid abkaufen würde. Die Sekretärin war ein Geschoss. Anscheinend hatte Tom etwas für schöne Frauen übrig. Die Sekretärin brachte mich in das Büro von Tom. Ich war so erdrückt von ihrer Schönheit, dass mir jedes Wort im Mund stecken blieb.

In dem Moment, in dem ich alleine in Toms Büro saß, revidierte ich meine Meinung. Er stand anscheinend doch nicht auf hübsche Frauen. Tom war schwul. Ein Bild von seiner Hochzeit stand auf dem Schreibtisch. Ich hatte nie großartig Kontakt mit schwulen Männern. Aber Geschmack hatten sie anscheinend wirklich.

Tom erschien kurzerhand im Büro und war astrein gekleidet. Sein Anzug saß perfekt. Die Detailverliebtheit war grandios. Jede einzelne Naht wurde wahrscheinlich von ihm persönlich geprüft. Er gab dem Wort Stil eine ganze neue Bedeutung.

Wir sprachen ein wenig über den gestrigen Tag. Über die Beerdigung, ein wenig über Hugo und dann kam Tom zum Thema: „Jim, ich habe mir deine Geschichten durchgelesen. Ich glaube, wir können da etwas daraus machen."

Ich war überrascht. Ich hätte es gehofft, aber dachte nicht, es würde Wirklichkeit werden.

„Wow, das freut mich." Sagte ich.

„Wir müssen jedoch einige Dinge regeln. Zum einen müssen wesentliche Stellen verändert werden, damit wir das abdrucken können. Zum anderen wirst du wenig Chancen auf Erfolg haben, wenn wir nicht etwas die Werbetrommel rühren. Das Problem im heutigen Verlagswesen: was nicht gekannt wird, wird meist nicht gekauft. Ich werde versuchen einige Radiointerviews, Fernsehshows etc. zu kontaktieren. Möglicherweise kriegen wir dich ja auf den Mainstreamschirm. Ich sag's dir jedoch ganz ehrlich: Erste Bücher, Geschichten, sind selten Erfolge. Ich rate dir dazu: Schreib, schreib, schreib. Mach weiter. Wenn du zehn herausbringst und eines ein richtiger Hit ist, dann ist das eine gute Quote. Wir versuchen unser Bestes."

Wir unterhielten uns noch einige Zeit über die Vorgehensweise, was mir noch bevorstand, was ich ändern musste und viel mehr. Ich musste zugeben, ich hätte es mir nicht derart schwer vorgestellt. Klar, ich würde nicht direkt einen Bestseller landen. Aber Tom erzählte mir, dass Bücher von Promis wesentlich mehr im Trend liegen als alles andere.

Menschen kaufen das, was sie kennen und wen sie kennen. Niemand will neues ausprobieren.

Es war mit letztendlich egal. Ich hatte mein Ziel erreicht. Mein erstes Werk würde in den Verkauf gehen und das ist alles, was ich wollte.

Eine Sache musste ich Tom fragen: „Machst du das hier, weil Hugo dich gebeten hat oder weil du es willst?"

Tom überlegte kurz und sagte: „Jim, ich sage dir ganz ehrlich, ich würde das Buch eigentlich nicht verlegen. Du bist Erstautor ohne Netzwerk, ohne Reputation, ohne alles. Du bist im Verlagswesen also eher der Underdog. Die Chancen sind rein rechnerisch gering, dass du ein großer Fisch wirst. Wir suchen eigentlich immer nach dem einen Jackpot. Das eine Buch, welches zum Hit wird. Verlagswesen hat viel mit Glücksspiel zu tun. Doch wenn Hugo mich um etwas bittet, dann mache ich das gerne. Er sagte mir, du hättest Herz und ich dachte darüber nach, dass auch ich irgendwann irgendwo angefangen hatte. Niemand hätte erwartet, dass unser Verlag so groß werden würde. Hugo hat damals an mich geglaubt und mir geholfen. Ohne ihn stände ich überhaupt nicht hier. Deswegen glaube ich an dich Jim. Wenn Hugo etwas in dir sieht, dann sehe ich etwas in dir. Glaube an dich, arbeite hart und du wirst deinen Weg gehen."

Ich hatte gemischte Gefühle. Das war also das sogenannte Vitamin B? Sollte ich darauf zurückgreifen? Ich willigte ein. Letztendlich gab er mir die Möglichkeit, meine Träume zu verwirklichen. Wir verabschiedeten uns und plötzlich überkam mich ein Gefühl von Erfolg. Ich setzte mich auf eine Bank, draußen vor dem Büro und fing an zu heulen. All die Last, die ich die letzte Zeit mit mir herumgetragen hatte, fiel auf einen Schlag von mir. All der Druck, er war plötzlich nicht mehr da. Die Zweifel lösten sich auf. Es waren keine Tränen der Trauer, es waren Tränen der Freude. Ich schaute in den Himmel und schrie wie ein Verrückter:

„JAAAAAAAAAAAAAAAAAAAAAAAAAAAAA…".

Selbst wenn das Buch nicht erfolgreich werden würde, ich hatte mein Ziel erreicht. Ich hatte meine Ängste besiegt. Ich hatte meine Zweifel ignoriert. Ich hatte dem Druck standgehalten. Das können die Wenigsten von sich behaupten, ich gehörte nun dazu. Das Leben ist hart. Ich habe standgehalten. Mit all den Rückschlägen, die mich auf meinem Weg begleiteten. Ich hätte mir gewünscht, es Zine zu erzählen. Leider gab es immer noch keine einzige Spur von ihm. Voller Freude schlenderte ich durch die Straßen. Ohne Ziel und ohne Richtung. Es war mir egal. Ich genoss das Leben. Das Gefühl von Freiheit war unbeschreiblich. In mir Tat sich jedoch eine Stimme auf.

„Niemals ruht sich ein Löwe des Lebens auf einem Erfolg aus. Denn am nächsten Tag beginnt die Jagd erneut."

Ich wusste nicht, wo es herkam. Hatte Zine es schon einmal erwähnt gehabt? War es mein eigener Verstand, der sich dies zusammenreimte? Wie auch immer, es stimmte. Was blieb mir anderes übrig, als mit meinem Leben weiterzumachen. Es war ein kleiner Erfolg erreicht, doch darauf durfte ich mich keinesfalls ausruhen. Mein Leben ging trotzdem weiter. Die Probleme wurden nicht kleiner. Geld hatte ich auch noch nicht gesehen. Meine Ersparnisse neigten sich nach den ganzen Urlauben und dem Leben ohne Einkommen dem Ende entgegen.

Brauchte ich Geld? Nein. Und doch brauchte ich es. Es hörte sich komisch an, aber wir Menschen sind abhängig von dem Geld. Wir leben auf der Straße, wenn uns das nötige Geld fehlt. Wir leben von Luft und Liebe, wenn uns das nötige Geld fehlt. Ich musste also darauf hoffen, dass ich mit meinen Geschichten Geld erwirtschaften werde. Was konnte ich bis dahin machen?

Mir fielen viele Dinge ein. Vor allen Dingen ein Problem, welches ich lange weggeschoben hatte: ich musste mit Marie Schluss machen. Auch wenn ich die Entscheidung getroffen hatte, musste ich sie doch davon in Kenntnis setzen und davor graute es mir. Es war der unangenehme Weg. Natürlich hatte ich keine Lust darauf, sie zu verletzen. Ich hatte keine Lust darauf, mich dem auszusetzen. Und andererseits sträubte sich in mir immer noch alles, eine Beziehung zu beenden. Doch wieder tat sich eine Stimme in mir auf.

„Ein Löwe des Lebens tut das Richtige, auch wenn es schwer ist."

War das die Antwort? Ja, anders konnte ich es mir nicht

erklären. Während ich durch die Gegend lief, setzte ich mich auf eine kleine Mauer und schrieb Marie. Prompt kam eine Antwort, sie wäre heute in der Stadt und hätte Zeit. Wir verabredeten uns für einige Stunden später, auch wenn in mir ein Gefühl von Widerstand hochkam.

Ich lief zu dem vereinbarten Café, was einige Stunden in Anspruch nahm. Es war das Café, indem wir uns das erste Mal trafen. Im Nachhinein fand ich die Idee ein wenig makaber, mich dort mit ihr zu treffen. Während ich den Weg entlanglief, sträubte sich in mir jedes Haar. Alle möglichen Ausreden kamen in mir hoch. Doch die Stimme, die mir sagte: „Tu das Richtige…“ war die Lauteste. Sie hatte Recht.

Einige Zeit später war es soweit. Wir saßen im Café, Marie war pünktlich. Sie sah wunderschön aus, doch auch das sollte meine Meinung nicht beeinflussen. Es war an der Zeit. Ich wollte nicht lange drum rumreden und sprach es sofort an:

„Marie, ich habe dich eingeladen, weil ich mit dir über uns reden muss. Ich mag dich wirklich. Du bist mir ans Herz gewachsen, doch diese Distanz zwischen uns lässt es für mich nicht funktionieren. Gerne würde ich mich voll auf diese Beziehung einlassen, aber so kann ich es nicht. Wir sind durchgehend voneinander getrennt. Du lebst dein Leben und ich lebe mein Leben, wir kennen uns kaum. Deswegen ist es sinnvoller, wenn wir das hier beenden. Es schadet uns beiden doch mehr, als es uns gibt.“

Marie hatte Tränen in den Augen. Sie schaute mich an und schluchzte erst einmal. Sie fing an. Sie versuchte mich zu überzeugen es nicht zu tun. Sie wollte ihren Job kündigen, doch ich lehnte ab. Das wäre keine Basis für ein Leben. Egal wie lange sie auf mich einredete, ich wusste es war die richtige Entscheidung. Mein Herz sagte mir, es war die richtige Entscheidung, auch wenn es schmerzte. Wir unterhielten uns noch einige Zeit, die Leute schauten andauernd zu uns herüber. Doch das interessierte mich nicht. Wir waren in unserer Welt. Alleine auf einem einsamen Planeten.

Wir fingen an über die schönen Momente zu reden, die wir

geteilt haben. Über die langen Nächte, die wir nur dalagen und über die Welt philosophierten. Es waren schöne Zeiten, doch alle Dinge enden einmal. So bezahlte ich die Rechnung, stand auf und küsste sie ein letztes Mal. Tränen liefen mir über die Wangen, mein Herz schmerzte.

Ich sagte: „Ich danke dir für die schöne Zeit. Pass auf dich auf Kleines." Und ging. Das war's. Ich wusste nicht, wo mir der Kopf stand. Ich schaute nicht zurück. Es gab kein zurück. Die schweren Entscheidungen im Leben mussten getroffen werden. Das hatte ich endlich getan. Mein Herz blutete, doch es war richtig. Das war keine egoistische Lösung, nein. Marie hatte einen Mann verdient, der ihr sein volles Potential bieten konnte. Das konnte ich nicht, wenn wir uns einmal im Monat sahen.

Da bemerkte ich, dass ihr Traum vom Reisen, ihr gleichzeitig anderweitig Steine in den Weg legte. War es nicht bei allem so? Wir verfolgten unsere Träume und mussten dafür andere Dinge aufgeben. Schwere Entscheidungen treffen. Wahrscheinlich war dies der Preis, den jeder zahlen musste. Möglicherweise müssen wir auf dieser Erde solch einen hohen Preis zahlen, damit die Welt erkennt, wie wichtig unsere Träume für uns sind. Ach, was wusste ich schon. Ich wollte nur nach Hause. Das tat ich auch.

Zuhause angekommen legte ich mich ins Bett und versuchte einzuschlafen. Leichter gesagt als getan. Ich war müde, jedoch aufgewühlt. Ich stand wieder auf und setzte mich an meine Schreibmaschine. Das Schreiben half mir, Dinge zu verarbeiten. Ich schrieb und schrieb, fing zwischenzeitlich an Tränen zu vergießen und irgendwann kippte ich vor Müdigkeit einfach ins Bett und begann zu träumen…

21 TRAUMINSTANZ

Ich sah nach links, ich sah nach rechts. Nichts außer Steppe. Anscheinend befand ich mich mitten in der Savanne. Ein Löwe näherte sich mir und blieb vor meinen Augen stehen. Er setzte sich hin, als wäre er ein Hund, dem man den Befehl zum Setzen gegeben hätte. Wir starrten uns an. Dann kam ein weiterer Löwe hinzu. Er setzte sich direkt daneben. Und ein weiterer. Auch dieser setzte sich vor mich. Es kamen immer mehr. Sie bildeten einen Kreis und starrten mich an. Der Größte von ihnen, derjenige, der sich genau vor mich setzte, begann zu sprechen:

„Du führst nun seit geraumer Zeit das Leben eines Löwen. Wir sind ein elitärer Kreis, nicht viele schaffen den Sprung. Du hast dich jedoch von deinem Weg nicht abbringen lassen, an deinen Träumen festgehalten. Wir demonstrieren Stärke, indem wir unseren Weg gehen. Das hast du getan. Wir demonstrieren Liebe, in dem wir unsere Liebsten frei lassen,

wenn es nötig ist. Das hast du getan. Wir demonstrieren Weisheit, in dem wir anderen zu ihren Träumen verhelfen. Das hast du getan. Wir demonstrieren Disziplin, in dem wir jeden Tag aufs Neue die Jagd beginnen. Das hast du getan. Du bist nun ein Teil von uns, das wirst du immer sein. Wer einmal ein Löwe des Lebens war, wird immer ein Löwe des Lebens sein. Willkommen."

Plötzlich fingen geschätzt 50 Löwen um mich herum an zu brüllen, so dass mir fast das Trommelfell platzte. Ich fühlte mich von Energie durchströmt, machtvoll und frei. War ich wirklich ein Löwe des Lebens geworden?

Die Löwen drehten sich um und gingen. Jeder in eine andere Richtung. Die Savanne verschwand und wurde langsam dunkel. Nun stand ich in einem schwarzen Raum, ohne Licht, ohne irgendetwas. Einfach nur schwarz. Ob es ein Raum war, konnte ich nicht einmal richtig definieren. Ich schaute mich um, doch es befand sich nur Leere vor, hinter und neben mir.

Aus der Dunkelheit kam eine Gestalt auf mich zu. Ganz langsam. Mit jedem Schritt schien diese Gestalt mir bekannter vorzukommen. Als die Person sich kurz vor mir befand, sagte sie:

„Na, wie geht's dir mein Freund?" In einer Stimme, die nur Zine gehören konnte. Er war es. Monate hatte ich nichts mehr von ihm gehört und nun stand er vor mir, im Traum.

„Zine…" stammelte ich. „Wo warst du die ganze Zeit?"

Zine schaute mich an und grinste: „Ich war nie weg mein Freund."

„Bullshit!" antwortete ich. „Man, ich hätte dich echt brauchen können!"

„Du hast es doch alleine durchstanden, oder?" fragte er mich.

„Ja, trotzdem hätte ich deine Hilfe gebrauchen können."

Erwiderte ich.

„Ich war nie weg mein Freund. Die Stimme in deinem Kopf? Das war ich. Ich bin immer bei dir, zu jeder Zeit. Wir Löwen des Lebens sind auf ewig verbunden."

Konnte das sein? Die Stimmen, die ich zwischenzeitlich gehört hatte, war das Zine? War das möglich?

„Wie kann das sein?" fragte ich. „Wie ist das möglich? Du kannst nicht in meinen Gedanken auftauchen!"

Zine grinste wieder. „Jim, natürlich kann ich in deinen Gedanken auftauchen. Du hast mich erschaffen. Ich bin nur ein Konstrukt deiner Gedanken."

Da fiel es mir wie Schuppen von den Augen. Ich besinnte mich zurück, in die Momente, die ich mit Zine teilte. Im Bus, im Bhutan, im Flugzeug… Konnte es sein, dass ich die ganze Zeit alleine war? Dass ich die ganze Zeit mit mir selbst gesprochen hatte?

„Was bist du?" fragte ich ängstlich und verwirrt.

Zine legte die Hand auf meine Schulter: „Ich bin die Hoffnung. Ich bin deine Veränderung. Ich bin all das, was du dir erträumst. Das ist deine Form der Verwirklichung. Ich bin der Botschafter."

Ich schluckte. Alle Dinge, die ich entschieden hatte, basierten also auf Verwirrungen innerhalb meines Verstandes? War ich komplett verrückt? Ich wusste nicht, was real war. Der Traum? Die Realität? Was war Realität?

„Das kann nicht sein!" schrie ich ihn an.

„Doch." Antwortete er nüchtern. „Ich bin der Freund, den du in höchster Not gebraucht hast. Du hast mich geholt, um dich zu retten. Eigentlich hast du dich die ganze Zeit selbst gerettet. Ich spreche nur durch deine Gedanken."

Ich fing an zu glauben, was ich dort hörte. Die Situationen sah ich auf einmal, wie sie wirklich waren. Alleine, ohne Zine. Zine war mein Alter Ego. Er war das, was ich immer sein wollte. Die Person, die unabhängig von den gesellschaftlichen Zwängen lebte. Zine war letztendlich der Traum, den ich verfolgte.

„Sag mir eins: was ist real? Das hier ist doch alles nur ein

Traum." Fragte ich ihn verwirrt.

Zine lachte. „Jim, nur weil es ein Traum ist, heißt es doch lange nicht, dass es weniger real ist als alles andere! Was ist schon real mein Freund? Diese stoffliche Welt, die wir uns kreieren? Nur weil du die Traumwelt nicht greifen kannst, heißt es nicht, dass sie weniger real ist. Nur weil mich kein anderer sehen kann außer du, heißt es nicht, dass ich weniger real bin. Du weißt ganz genau, was für dich Bedeutung hat. Dabei ist es irrelevant, was real ist und was nicht. Entscheide du, was für dich wichtig ist. Ich sage dir nur, Träume sind viel realer als du denken magst."

Zine war weg. Er verschwand einfach und ließ mich mit offenem Mund zurück. Der Traum fühlte sich so echt an. Der Traum fühlte sich real an und das war er letztendlich auch. Auch wenn alle anderen mich für verrückt hielten, ich hatte einen Freund & Mentor in mir. In meinen Gedanken, der mich bis ans Ende der Welt begleitete.

Plötzlich sprang mich ein Löwe mit aufgerissenem Maul an und riss mich aus meinem Traum.

Da war ich nun. Aufrecht sitzend in meinem Bett, schweißgebadet. Mit der Erkenntnis, dass Zine nie real war. In jedem Moment ein Konstrukt meiner Träume. Konnte das sein? Konnte das wirklich sein? Ich sprang an meinen PC und schaute mir die Buchungen für den Flug in den Bhutan an. Wenn es wahr wäre, dann müsste ich die Tickets selbst bezahlt haben.

Mich traf der Schlag. Es war wahr. Ich hatte alles selbst bezahlt. Den Flug, das Hotel, einfach alles. Zine gab es nie.

In mir tat sich eine Stimme auf: „Nicht umsonst hattest du diesen Traum, du warst bereit dafür."

Auch wenn es Zine nie gab, so gab es ihn doch.

In mir.

Für ewig.

Danke.

„Ein Löwe des Lebens träumt."

ÜBER DEN AUTOR

Deniz, studierter Wirtschaftsingenieur, ist Autor, Speaker, Podcaster und Mitbegründer von „Erschaffe dich neu“, einem Unternehmen, das u.a. durch YouTube Videos und Podcasts tagtäglich tausende Menschen bei ihrer persönlichen Weiterentwicklung unterstützt. Unter www.erschaffedichneu.de erfährst du seine persönliche Geschichte.

Printed in Poland
by Amazon Fulfillment
Poland Sp. z o.o., Wrocław

75135188R00101